きむらゆういち・みやもとえつよしの ガラクタ工作

みんなで作って遊ぼう！

チャイルド本社

みんなで作ったり、作ったもので遊んだりすると楽しい。

昔、子どもたちとソーラーバルーンを作ったとき、なかなか上がらなかった。でもあきらめかけたとき、フワッと浮き上がり、グングンと空高く昇っていったのだ。あのときのワア〜ッという子どもたちの歓声を、今も忘れない。

子どもたちとキャンプに行ったとき、林を利用して迷路作りをした。つぎつぎに子どもからアイデアが生まれ、丸2日間遊んでも遊び足りなかった。

教室で新聞紙あそびをしたとき、みんな大喜び、のりにのって遊んだあと、「さあ、誰が一番早く新聞紙を片づけられるかな？」と言ったら、今までの勢いであっという間に片づいた。

乗り物好きな息子のためにドライブロードをいっしょに作ったら、親子で毎日その中で遊んだ。

みんなで作るからできるものもある。みんなで作るから楽しいものもある。そして作ったものでみんなで遊ぶと、またもう一度遊びたくなる。

その中から得るものは計り知れない。

きむらゆういち

難易度のめやす

かんたん
とにかくかんたんに作れる作品。子どもたちだけで作れるものばかりです。

ふつう
ちょっと難しいかな…。でも大丈夫！ おとなのちょっとした手助けがあれば作れる作品です。

がんばろう！
おとなの手助けが必要な作品。がんばって作ってみましょう。

もくじ

はじめに …………………………………… 2
みんなで工作を楽しむために …………… 4
行事製作にぴったりの工作がいっぱい！…… 6

作品	タイトル	ページ
	段ボールザウルスとロボット	8
	すてきなおうち	12
	夜店ごっこ	16
	レストランごっこ	20
	いろいろ水族館	24
	にこにこ園	28
	ペットボトルツリー	32
	びりびり新聞紙プール	36
	お花畑壁面	40

作品	タイトル	ページ
	どうぶつ絵合わせ	44
	壁面どうぶつえん	45
	おばけマンション	48
	はらぺこ玉入れゲーム	52
	ドキドキかいじゅうゲーム	56
	みんなのまち	60
	みんなでドライブ！	64
	ソーラーバルーン	68
	カラフル迷路	72
	おばけやしき迷路	76

みんなで工作を楽しむために
～素材の種類と準備について～

みんなで工作を楽しむために、
工作の材料となる素材の種類や事前の準備、
扱いかたについて紹介します。

段ボール箱

段ボール箱はスーパーなどでもらえるほか、ホームセンターなどで購入することができます。

段ボールは固いので、切るときはおとなが切るようにしましょう。接着には強粘性のクラフトテープがおすすめです。

ペットボトル

ペットボトルは集めやすさが魅力の素材。子どもの手で扱いやすいミニサイズから、2ℓの大きなものまでさまざまな大きさのものがあります。集めるときは、大きさや形状、ふたの有無など、必要な情報をきちんと伝えることがポイントです。

   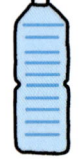 

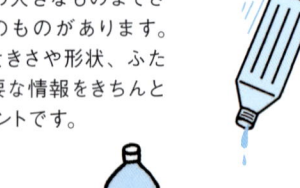

よく洗い、口をひらいた状態でしっかり乾かしましょう。

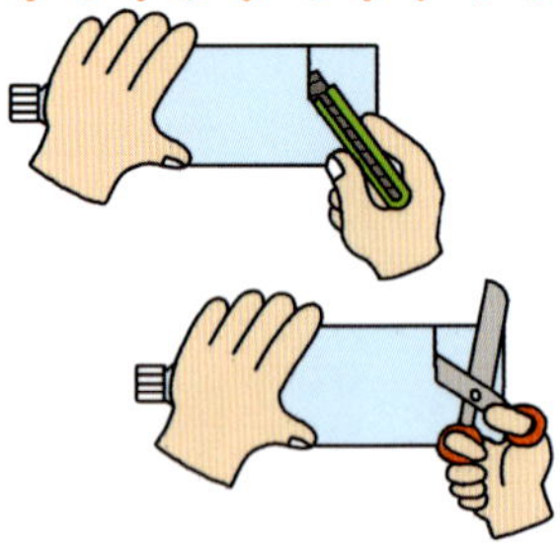

ペットボトルを切るときは、まずおとながカッターで切り込みを入れ、それから子どもがはさみで切るようにしましょう。固い素材なので、切るときは注意が必要です。

牛乳パック

牛乳パックも集めやすい素材です。保存の際は、よく洗い、しっかり乾かすのがポイント。水洗いのときに少し洗剤を入れてよく振り、水が透明になるまで何度もすすぎましょう。乾かしたら、つぶさずにそのままの形で保存しましょう。

切るときは、口をとじて切るようにしましょう。おとながカッターで切り込みを入れておくと、子どもが切りやすくなります。

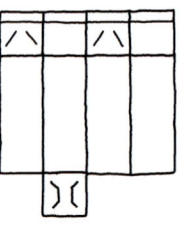

厚くて丈夫なので、ひらいて素材としても使えるすぐれものです。

ティッシュペーパーの箱

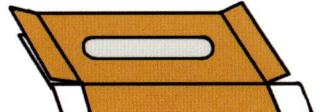

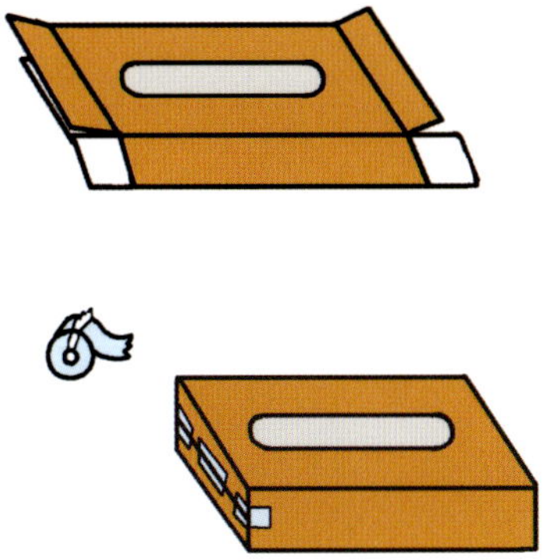

ティッシュペーパーの箱は、比較的柔らかいボール紙でできているので、子どもでも扱いやすい素材です。保存の際は、なるべくつぶさずにそのままの状態で保存すると強度が保たれます。つぶした場合は、セロハンテープでしっかり補強して使用しましょう。

プラスチック容器

軽くて柔らかいのが特徴のプラスチック容器は、子どもでもはさみやカッターを使ってかんたんに切ることができる素材です。着色は油性のカラーペンやビニールテープ、シール折り紙などがおすすめ。保存の際には洗剤をつけたスポンジで汚れを落とし、しっかり乾かしましょう。

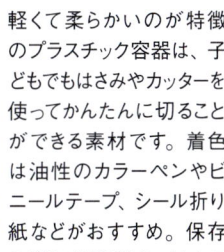

ポリ袋

買い物をするともらえるポリ袋は、薄くて軽く、丈夫で着色しやすい、しかも集めやすい、工作にもってこいの素材です。着色は油性のカラーペンやビニールテープ、シール折り紙などがおすすめです。

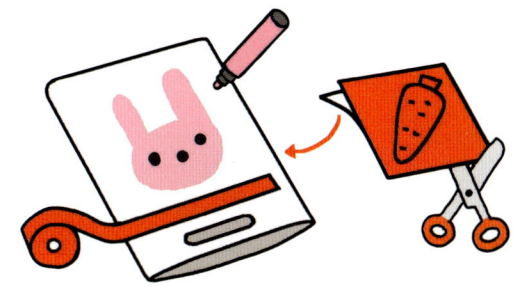

トイレットペーパーの芯

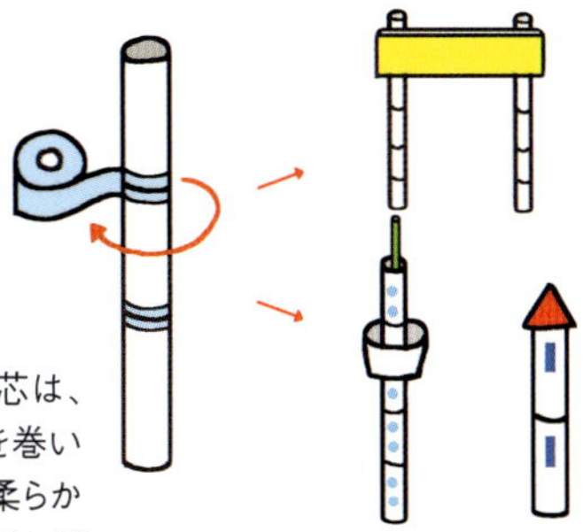

筒型のトイレットペーパーの芯は、つなげてはりつけたり、色紙を巻いて飾りつけをして使います。柔らかい紙で作られているので、子どもがかんたんに切ることができ、いろいろな工作に活用できる素材です。

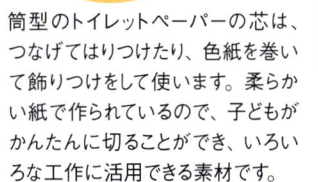
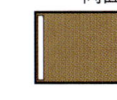  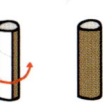  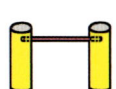

ワンポイント

作品の飾りつけは、クレヨンや色えんぴつで彩色したり、色紙やシール折り紙をはったり、カラービニールテープやカラークラフトテープをはりつけるなど、作品や人数によっていろいろな素材で楽しみましょう。彩色で絵の具を使うときは、チューブの絵の具より安価で大容量のアクリル絵の具などもあります。大人数で大量に塗料を使うときに便利です。いろいろ試してみてくださいね！

パレットのかわりに牛乳パックをひらいて使うと、後片づけもかんたん！

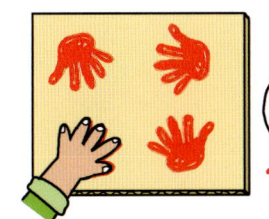

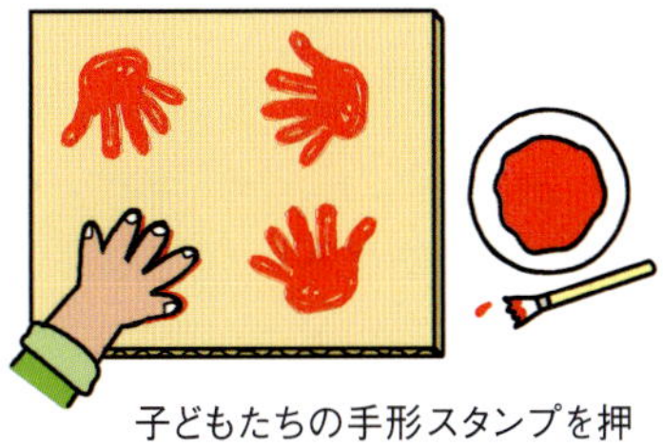

子どもたちの手形スタンプを押すとダイナミックでにぎやかに！

行事製作にぴったりの工作がいっぱい！

この本では、行事製作にぴったりの作品をたくさん紹介しています。段ボール箱で作る、迫力満点の大型作品から、身近なものでかんたんに作れる作品まで盛りだくさん！　みんなで作れば楽しさも倍増です。

作品展

子どもたちが作った作品を持ち寄って作る、にぎやかで楽しい作品から、段ボール箱を使ってみんなで力を合わせて作る大型作品などを紹介。作品展の目玉になるような、迫力満点の作品がいっぱいです。

みんなのまち

段ボールザウルスとロボット

段ボール箱で作る大型作品は、運動会の入退場門などの飾りつけとしても大活躍しそう！

にこにこ園

みんなで作った作品を持ち寄って、オリジナルのほいくえん、ようちえんやまちのできあがり！

親子行事

保育参観などの親子行事で楽しめるゲームを紹介します。いっしょに作ればさらに盛り上がる！　遊んだあとに持ち帰れる作品もありますよ。

ドキドキかいじゅうゲーム

はらぺこ玉入れゲーム

節分にも！

親子で作って楽しめる「どうぶつ玉入れ」。作ったあとは、壁にはってゲームを楽しもう！　持ち帰って、続きはおうちで遊ぼうね！

夕涼み会 & お祭り

お祭り気分を盛り上げる夜店ごっこ。子どもたちの大好きな屋台を、身近な素材でかんたんに作る作りかたを紹介します。「おばけやしき」にアレンジした迷路は、夏の行事にぴったり！

夜店ごっこ

思わず食べたくなるような、おいしそうで楽しい屋台が勢ぞろい！

おばけやしき迷路

「おばけやしき迷路」はちょっとこわくておもしろ〜い！

園外保育

園外保育ならではのワクワク感をもっと盛り上げる、カラフルなポリ袋で作った迷路を紹介します。楽しい思い出を彩る、見た目にもきれいな迷路です！

カラフル迷路

屋外で思い切り楽しもう！

クリスマス会

子どもたちが待ちに待った、年に一度のクリスマス。手作りツリーの温かいあかりが、子どもたちのうれしそうな顔を照らします。

ペットボトルツリー

みんなで作ったツリーを点灯！クリスマス会がもっと盛り上がるよ！

7

段ボールザウルスと口

大きな大きな段ボールザウルスとロボット。
段ボールザウルスのひもを引っ張れば、口と首が動いて迫力満点！

段ボールザウルスとロボット

難易度  がんばろう

段ボールザウルスの材料
- 段ボール箱
- 段ボール板
- クラフトテープの芯 1個
- 画用紙
- ビニールひも
- 割りばし 3本
- セロハンテープの芯 2個
- 雑誌など

道具
- はさみ
- カッター
- きり
- えんぴつ
- セロハンテープ
- クラフトテープ
- 筆
- 絵の具
- カラーペン

1 段ボールザウルス 作りかた

段ボール箱をきょうりゅうの形に組み立てる。

- 頭の箱はふたを1枚あけたままにしてとじ、首の箱はふたを2枚あけたままにしてとじてはりつける
- きり→えんぴつの順で穴をあける
- はりつける
- 巻きつけてはり留める
- 下の面ははりつけない
- 切り込みを入れて、互い違いにひらいて折り目をつける
- ふた

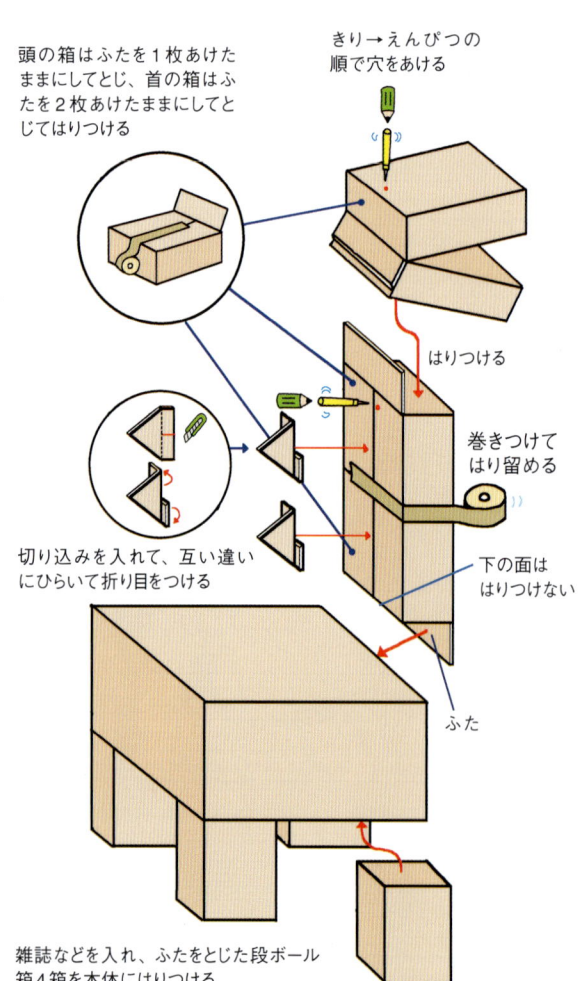

雑誌などを入れ、ふたをとじた段ボール箱4箱を本体にはりつける

2

頭と首の箱に穴をあけてビニールひもを取りつけ、きょうりゅうの口と首が動くようにする。首がそれ以上、下に倒れないように、首に取りつけたひもに割りばしを結びつけてストッパーにする。画用紙で目と歯を作ってはりつけ、みんなで手形スタンプを押して飾りつけをしたら完成！

手形スタンプを押すよ！

- 割りばしにビニールひもを結びつけ、頭と首にあけた穴に入れて固定する
- 顔の両側に、図のようにビニールひもをはりつける（ストッパーになり、これ以上口がひらかなくなる）
- 割りばしのストッパー
- クラフトテープの芯を半分に切ってはりつける
- セロハンテープの芯を取りつける
- 割りばしのストッパーのかわりに、三角に折った段ボール板をはりつけてもOK
- 手に絵の具をつけて、手形スタンプを押す

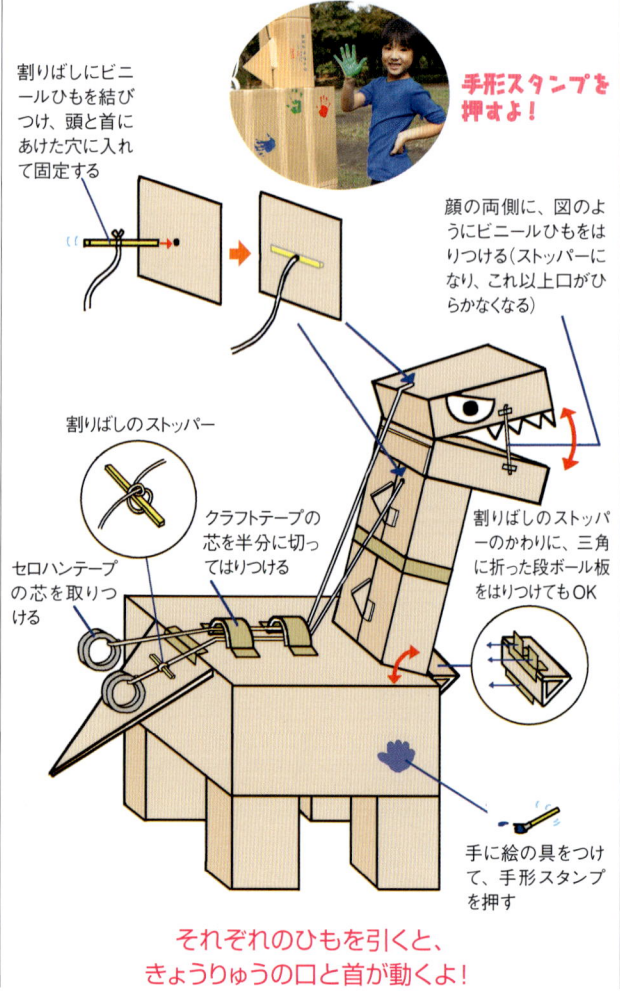

それぞれのひもを引くと、きょうりゅうの口と首が動くよ！

10

段ボールザウルスとロボット

ロボットの材料
- 段ボール箱
- 段ボール板
- トレイ
- プラスチック容器
- ペットボトルのふた
- 紙皿
- スチロール容器
- 雑誌など
- 画用紙

道具
- はさみ
- セロハンテープ
- カッター
- クラフトテープ
- のり
- 両面テープ

1 ロボット 作りかた

ロボット本体は段ボール箱のふたをとじて、図のように組み立てる。接着にはクラフトテープや強粘性の両面テープなどを使用し、しっかりはりつける。

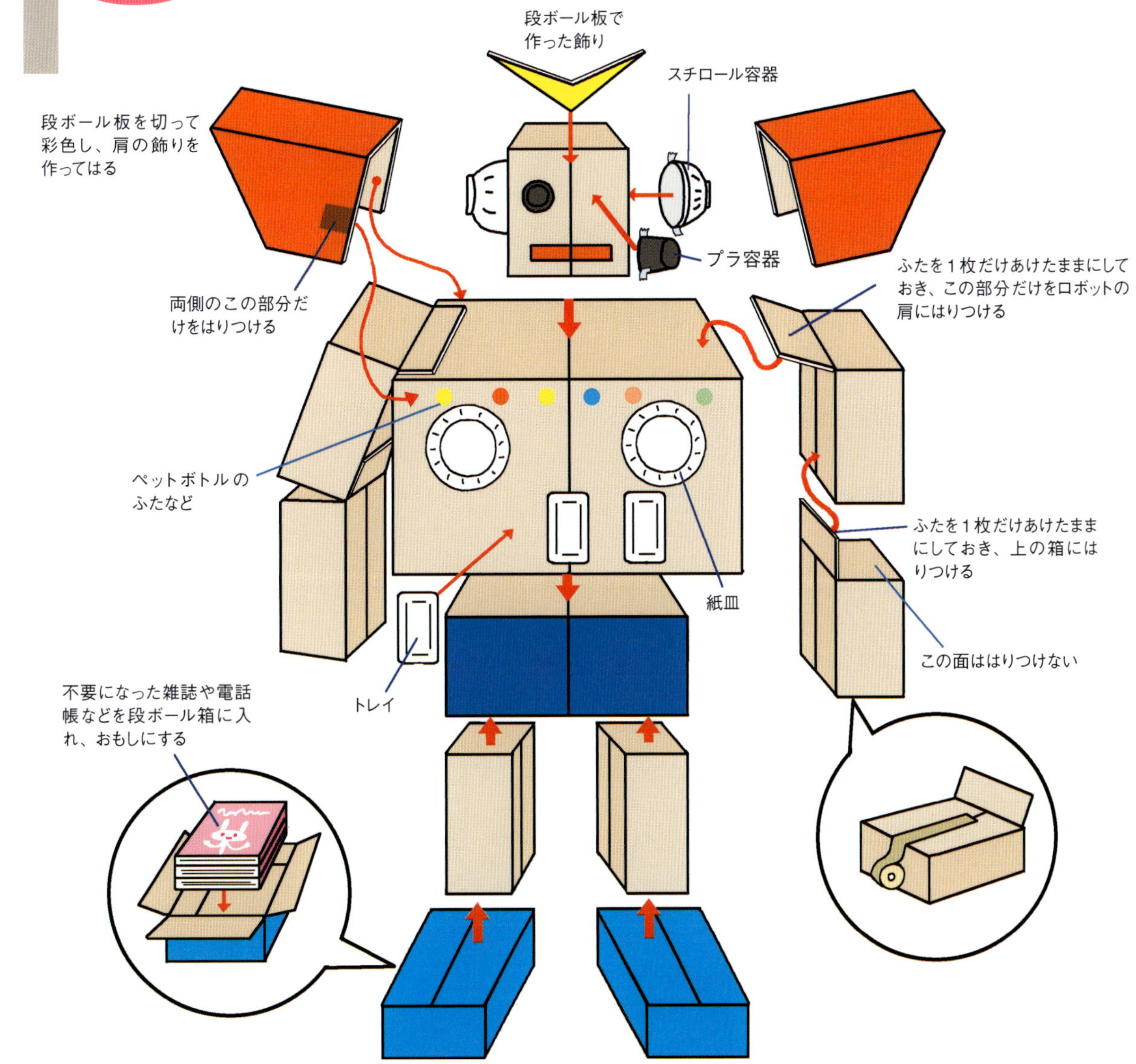

- 段ボール板で作った飾り
- スチロール容器
- 段ボール板を切って彩色し、肩の飾りを作ってはる
- 両側のこの部分だけをはりつける
- プラ容器
- ふたを1枚だけあけたままにしておき、この部分だけをロボットの肩にはりつける
- ペットボトルのふたなど
- ふたを1枚だけあけたままにしておき、上の箱にはりつける
- この面ははりつけない
- 不要になった雑誌や電話帳などを段ボール箱に入れ、おもしにする
- トレイ
- 紙皿

すてきなおうち

難易度  ふつう

材料
- 段ボール箱
- 段ボール板
- 画用紙
- カラークラフトテープ
- クリップ2個（三角屋根のおうちのみ）

道具
- はさみ
- セロハンテープ
- カッター
- クラフトテープ
- のり

おうち（三角屋根）作りかた

1 大きめの段ボール箱を用意し、窓と屋根の部分を切る。窓の下に、窓を立体的に立てるための切り込みを入れます。

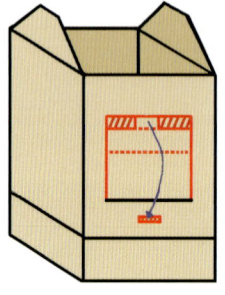

2 窓の部分を折って、切り込みに差し込む。下のふたをはり留めます。

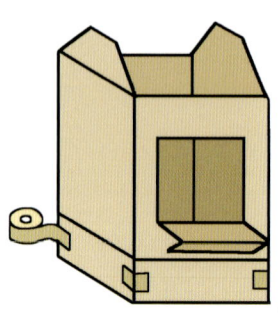

3 裏側にドアの切り込みを、側面に窓の切り込みを入れる。

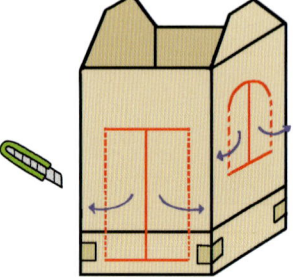

4 段ボール板で屋根を作る。本体の大きさに合わせて作り、彩色して折り目をつけます。

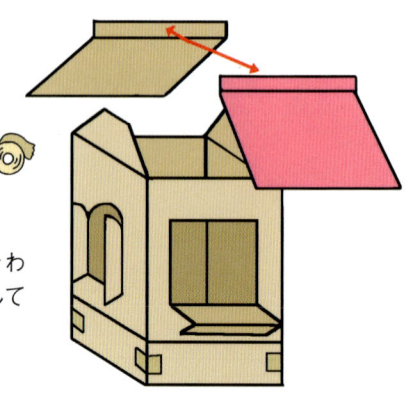

5 屋根をクリップで留めて乗せる。

6 カラークラフトテープなどで飾りつけをすれば完成！

1 おうち（平らな屋根）作りかた

大きめの段ボール箱を用意し、窓の部分を切る。

はり留める

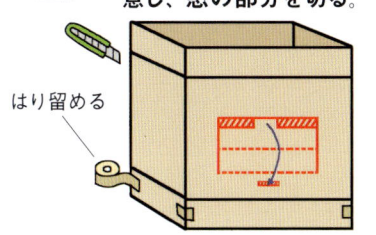

2

窓の部分を折って、切り込みに差し込む。正面のふたは前に倒し、それ以外のふたは内側に折ってはりつける。

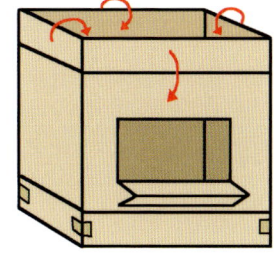

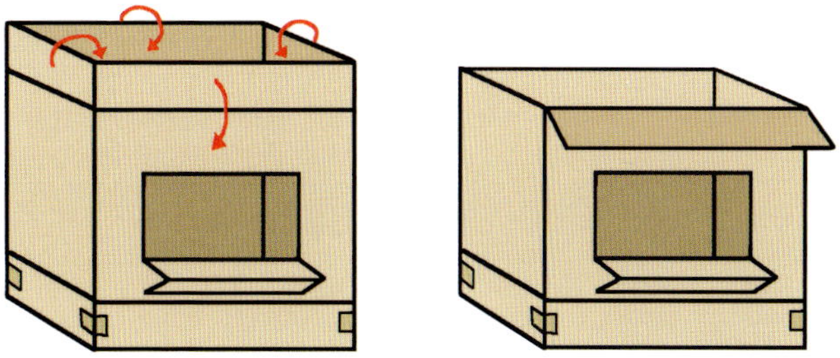

3

裏側にドアの切り込みを入れる。

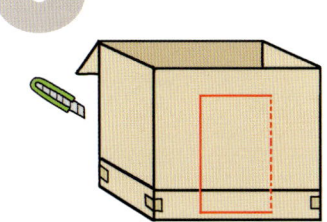

4

段ボール板で屋根を作る。彩色して折り目をつけます。

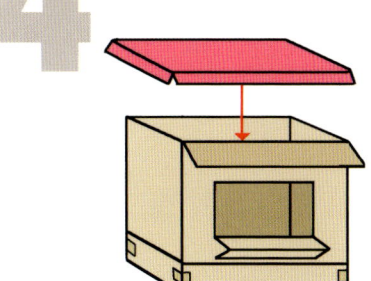

5

画用紙やカラークラフトテープなどで飾りつけをして、屋根を乗せれば完成！

どちらのおうちも、屋根を外せば折りたためてコンパクトになるよ！
かんたんに組み立てて遊べて、お片づけもとってもらくらく！

まずは屋根を外して…

たためば、ぺったんこ！

すてきなおうち

15

夜店ごっこ

ふつう

いらっしゃいませ、いらっしゃいませ！
元気なかけ声が聞こえてきたら、にぎやかな屋台の開店だよ。

夜店ごっこ

難易度 ふつう

お店の共通の材料

- 段ボール箱
- 画用紙
- 段ボール板
- プラスチック容器
- トイレットペーパーの芯

道具

- はさみ
- セロハンテープ
- カッター
- クラフトテープ
- のり
- カラーペン

お店の基本 作りかた

1 段ボール箱に段ボール板をはりつける。
折りたたんで収納するので、段ボール箱は軽くはり留めるようにしましょう。

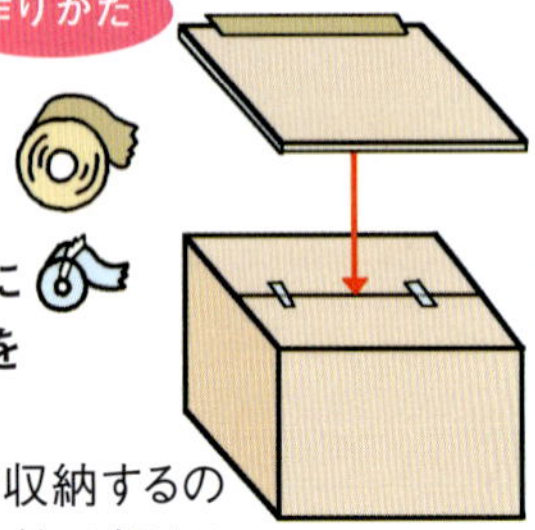

2 トイレットペーパーの芯をつないで柱を2本作り、看板になる段ボール板をはりつける。

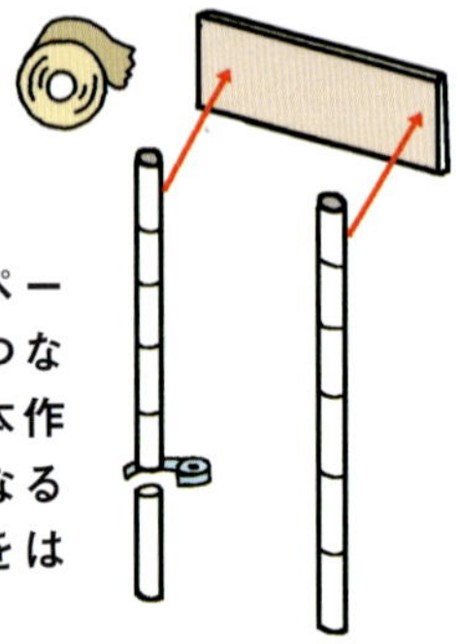

3 ②を①の土台にクラフトテープでしっかりと取りつける。

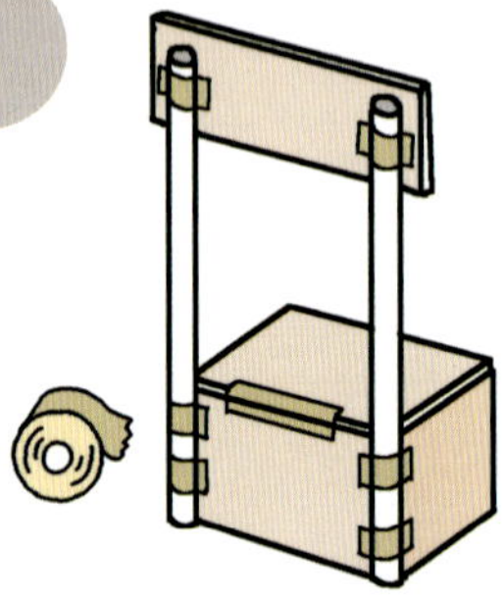

たこやき屋の材料

卵パック

たこやき屋 作りかた

1 お店の土台の段ボール板に、広げた卵パックがすっぽり収まる大きさの穴をあけ、黒く塗った卵パックをセットする。
土台の段ボール箱にはりつけるときは、段ボール箱のふたをはり留めずにあけておきます。卵パックは、油性ペンで黒く塗ります。

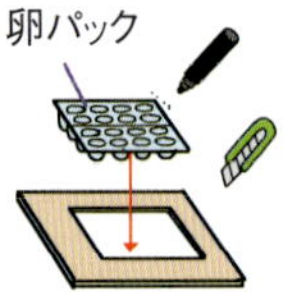

2 画用紙でたこやきとトッピングを作る。
プラ容器に入れる
画用紙を小さく切る

3 画用紙などでお店の飾りつけをしたら完成！

やきそば屋の材料

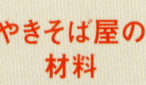
厚紙

毛糸

やきそば屋 作りかた

1 お店の土台の段ボール板に、黒い画用紙をはって鉄板を作る。厚紙でへらを作る。へらは本物でもOK。
毛糸で作る

2 毛糸と画用紙でやきそばを作る。
画用紙を小さく切る

3 画用紙などでお店の飾りつけをしたら完成！

18

夜店ごっこ

アイス屋の材料
- 厚紙
- 空き箱

アイス屋 作りかた

1 画用紙でアイスクリームとコーンを作り、空き箱に穴をあけてコーンを差し込む。

コーンは、画用紙を扇形に切り、巻いてコーン形にしてはり留めます。

2 厚紙でトングを作る。

厚紙

アイスクリームをプラ容器に入れる

3 画用紙などでお店の飾りつけをしたら完成！

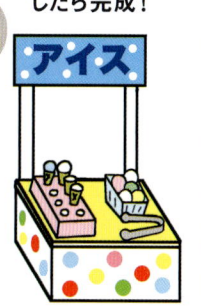

ワンポイント
お店の土台の段ボール箱の口をあけ、箱をひらくとぺったんこに折りたたんで片づけることができます。

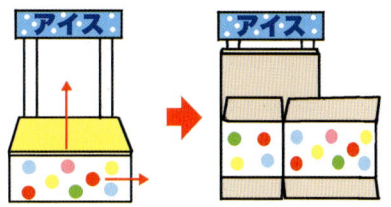

風船つりの材料

カラーポリ袋	割りばし	空き箱
エアーパッキング	たこ糸	紙コップ
輪ゴム	クリップ	 画用紙

風船つり 作りかた

1 エアーパッキングをカラーポリ袋に入れ、とじる。輪ゴムを2本つなぎ、セロハンテープではりつける。

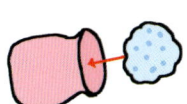 

2 つりざおを作る。

割りばし
たこ糸
クリップの先を広げる

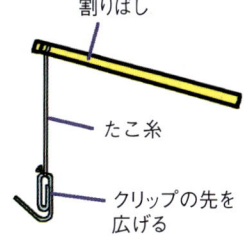

3 空き箱の底に青い画用紙をはりつけ、四隅に紙コップの脚をつける。①を入れたら完成！

紙コップ　空き箱

はっぴの材料
- カラーポリ袋
- ビニールテープ

はっぴ 作りかた

1 カラーポリ袋をはっぴの形に切り取る。

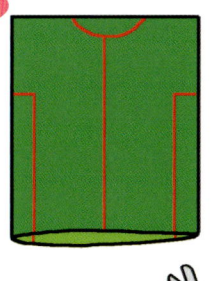

2 両脇をセロハンテープではりとめ、ビニールテープで飾りつけをする。

レストランごっこ

おいしそうなスパゲッティやハンバーグ。思わず目移りしちゃう！
コックさん、がんばって作ってね。

レストランごっこ

難易度 ふつう

お店の材料
- 段ボール箱
- ひも
- 画用紙

道具
- はさみ
- のり
- クレヨン
- カッター
- セロハンテープ
- きり
- カラーペン

1 お店 作りかた
段ボール箱を切りひらいてびょうぶのように立てる。窓の切り込みを入れる。

窓の穴をあける。
あけしめできるように3辺を切ります。上側のふたは前に倒します。

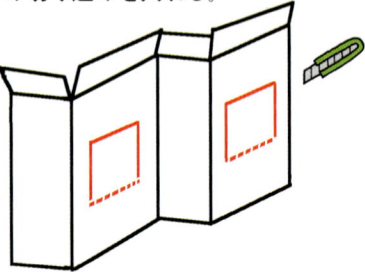
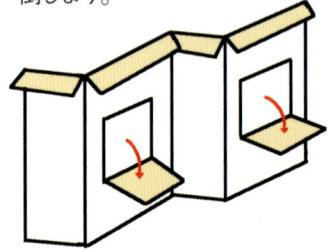

2
壁と窓に4か所穴をあけて、ひもを通して結び目を作って留める。

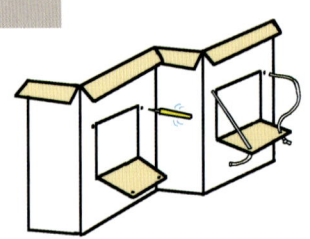

3
屋根や窓などの飾りつけをしたら完成！

いすの材料
- 段ボール板
- 牛乳パック
- 包装紙
- カラークラフトテープ

いす 作りかた
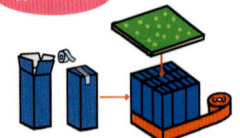

牛乳パック9本の口をとじてはり合わせる。カラークラフトテープを巻きつけて飾りつけし、包装紙で包んだ段ボール板をはりつける。

テーブルの材料
- 段ボール板
- 段ボール箱
- カラークラフトテープ
- 包装紙
- 雑誌など

テーブル 作りかた

雑誌などを入れた段ボール箱に、カラークラフトテープを巻きつけて飾りつけする。包装紙で包んだ段ボール板をはりつける。

22

レストランごっこ

コスチュームの材料

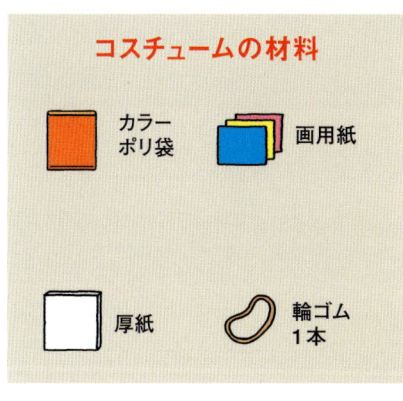

- カラーポリ袋
- 画用紙
- 厚紙
- 輪ゴム 1本

コスチューム 作りかた

1. カラーポリ袋を服の形に切り取る。

首と袖の部分を切り取り、子どもの身長に合わせてすそを切り取ります。両脇はセロハンテープではり留めます。

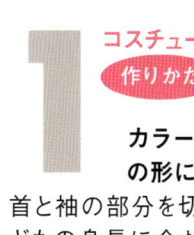

2. 別のカラーポリ袋でえりやエプロン、スカーフを作る。

3. 厚紙と画用紙でコック帽と髪飾りを作る。

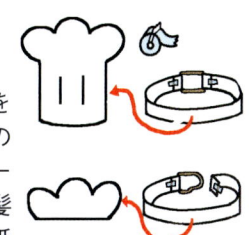

厚紙を帯状に切って端を折ります。輪ゴムを帯の端にはさんでセロハンテープで留めます。帽子や髪飾りの形に切った画用紙をはりつけます。

4. 完成！

食べ物の材料

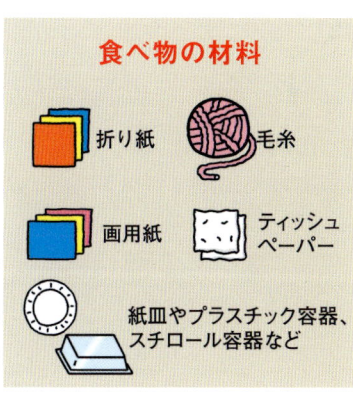

- 折り紙
- 毛糸
- 画用紙
- ティッシュペーパー
- 紙皿やプラスチック容器、スチロール容器など

折り紙や画用紙、毛糸などを使って、みんなでいろいろな食べ物を作ってみよう！
スパゲッティやハンバーグ、ラーメンにおすし…。
まるで本物みたいで、おなかが空いてきちゃうね！

毛糸

フライパンは紙皿を黒く塗る

毛糸

丸めたティッシュペーパー

23

いろいろ水族館

身近なエコ素材で作る、海の生き物たち。
窓や壁などいろいろな場所に飾れば、ほら、涼しげな水族館の完成！

窓辺の水族館

難易度 かんたん

材料

- ペットボトル
- プラスチック容器
- プラスチック容器
- カラーセロハン
- ビニールテープ

※材料はすべて透明なものを用意してください。

道具

- はさみ
- セロハンテープ
- 両面テープ
- カラーペン（油性）

窓辺の水族館

1 さかな・かに・かめ・えび・くらげ 作りかた

プラ容器やプラカップ、ペットボトルなどで海の生き物を作る。

ペットボトルやプラ容器にカラーセロハンやビニールテープなどで飾りつけをします。油性のカラーペンで模様をかいてもいいですね。

カラーセロハンやレジ袋を切ってはる

2 窓ガラスにはりつけ、飾りつけをする。

くらげの脚やえびの尾やひげ、さかなのひれ、かにの脚などは、カラーセロハンで作って直接窓ガラスにはりつけてもいいですね。

26

水族館壁面

材料

プラスチック容器	空き箱	乳酸菌飲料の容器	レジ袋
トレイ	せんたくばさみ	プラスチック容器	画用紙
紙コップ	曲がるストロー	ビニールテープ	

道具

- はさみ
- カラーペン（油性）
- 竹ぐし
- のり
- クレヨン
- えんぴつ
- セロハンテープ

水族館壁面 作りかた

1
プラ容器や紙コップ、トレイなどで海の生き物を作る。

たこ
紙コップを赤く塗り、コップを切って脚を8本作ります。画用紙を丸めた口と目をはりつけます。

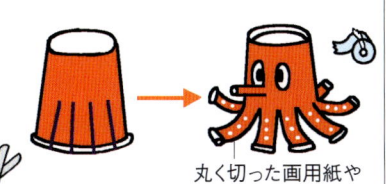

丸く切った画用紙や丸シールをはる

いか・くらげ
トレイに画用紙で作った目と、レジ袋で作ったひれや脚をはりつけます。

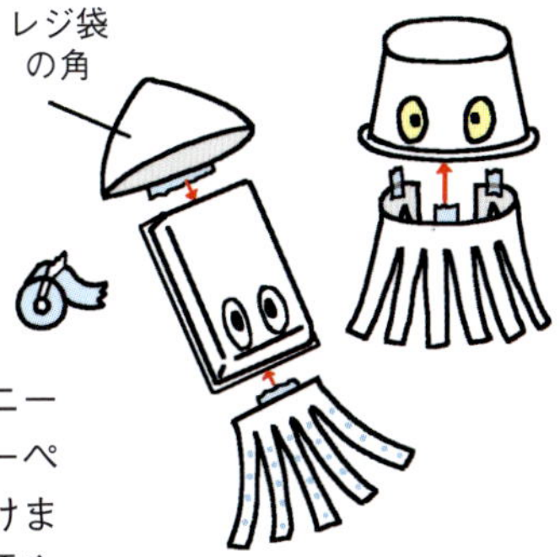

かめ
プラ容器の底面にビニールテープや油性のカラーペンで甲羅の模様をつけます。画用紙で作った頭や手足をつけます。

かに
空き箱の上ぶたのつまみを出した状態でふたをしめ、脚と目の位置に竹ぐしで穴をあけてから、えんぴつをさして穴を広げます。

穴にストローを差し込み、目をはりつけ、脚を曲げます。つまみにせんたくばさみをはさめば完成！

画用紙をはる

さかな
乳酸菌飲料の空き容器に画用紙を巻きつけてはり、目とひれをはりつけます。容器の口に尾びれをつければ完成！

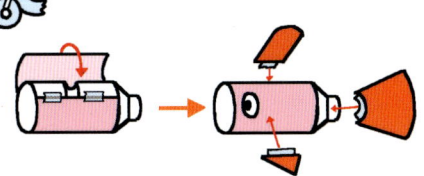

2
みんなの作品を壁や台紙に思い思いに飾ってみよう！

27

にこにこ園

ふつう

「おはよー」「いっしょに遊ぼうよ！」なんて元気な声が聞こえてきそう。
にこにこ園は、みんなのにこにこ顔であふれているよ。

にこにこ園

難易度  ふつう

道具

はさみ / カラーペン / きり / のり / クレヨン / えんぴつ / セロハンテープ / 両面テープ

にこにこ園のお友達の材料

- ペットボトル（350ml）
- 画用紙

にこにこ園のお友達　作りかた

1 ペットボトルに画用紙を巻きつけてはる。

2 画用紙などで顔を作り、はりつける。

3 画用紙で作った手をはりつけ、飾りつけをする。

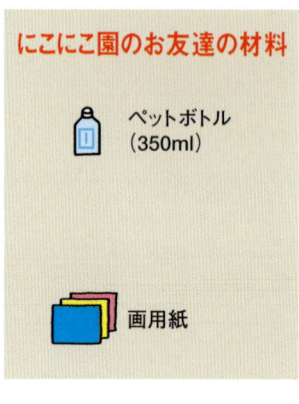

牛乳パックで遊具を作ろう！

シーソーの材料

- 牛乳パック1本
- 画用紙

シーソー　作りかた

1 牛乳パックを図のように切る。

2 ①をはり合わせてついたてをはりつけ、箱の中央に牛乳パックの口の部分をはりつける。

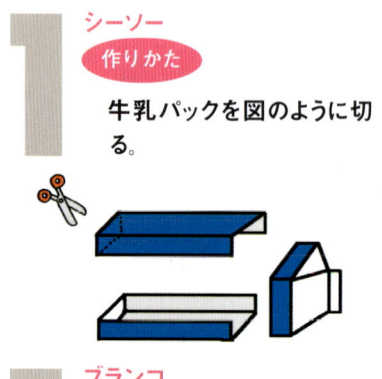

ブランコの材料

- 牛乳パック3本
- 割りばし1本
- 空き箱
- 曲がるストロー2本

ブランコ　作りかた

1 牛乳パックの底を切り取り、両側にストローをはりつける。ストローの先を曲げて、割りばしに引っかけてはり留める。

割りばし / 牛乳パックの底の部分

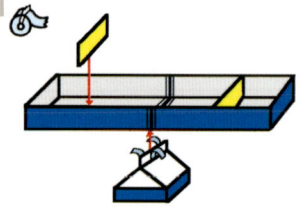

2 牛乳パックの側面に、きり→えんぴつの順にさして穴をあけ、割りばしを差し込んで固定する。牛乳パックに台座の空き箱をはりつける。

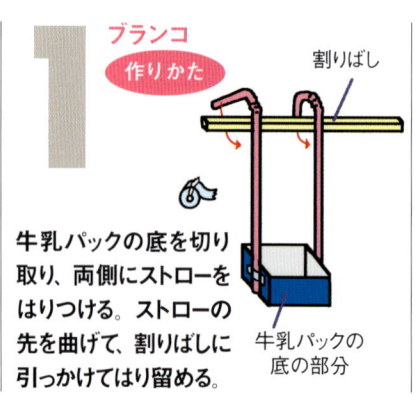
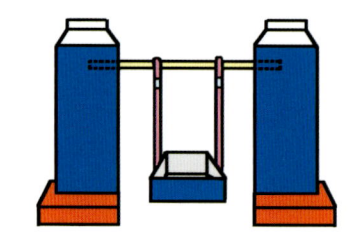

30

にこにこ園

すべり台の材料

- 牛乳パック 2本

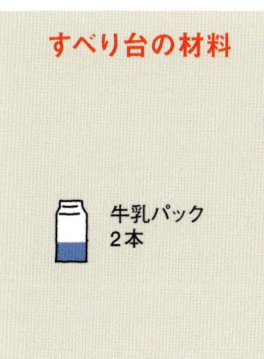

すべり台 作りかた

1 牛乳パック2本を図のように切ってパーツを作る。

牛乳パックをじゃばらに折り、階段を作る

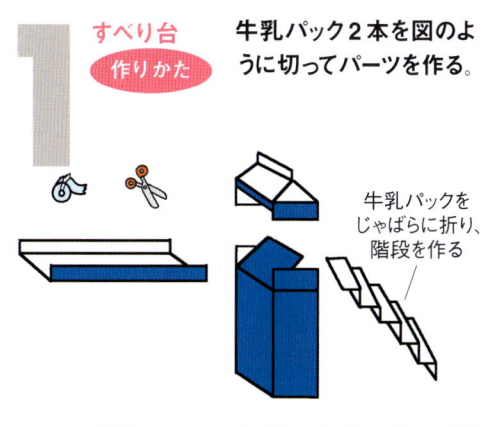

2 はり合わせたら完成！

鉄棒の材料

- トイレットペーパーの芯2本
- 割りばし1本
- 画用紙

鉄棒 作りかた

1 トイレットペーパーの芯に画用紙を巻きつけてはる。

2 ①にきり→えんぴつの順にさして穴をあけ、割りばしを差し込む。

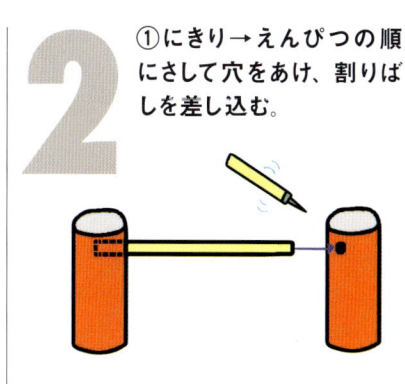

段ボール箱で大きな園舎を作ろう！

空き箱を使ってお部屋を作ろう！

枠は、ティッシュペーパーの箱を半分に切り、はり合わせます。

ティッシュ箱や空き箱をはり合わせて門を作ります。

31

ペットボトルツリー

ペットボトルで作る、エコなクリスマスツリー。
光を点せば…クリスマスを彩る、幻想的できれいなツリーのできあがり。

ふつう

難易度  ふつう

ペットボトルツリー

材料
- ペットボトル（2ℓ）
- 段ボール箱
- 針金
- カラーセロハン
- エアーパッキング
- 画用紙

道具
- セロハンテープ
- はさみ
- クラフトテープ
- ペンチ
- のり
- きり

作りかた

1 ペットボトルのふたに、きりで穴をあけ、針金を通して抜けないように先を丸める。

25cm
丸める

2 ペットボトル本体に①をつける。

3 ツリーの大きさを決め、それに合わせて、ペットボトルを用意する。

4 エアーパッキングを丸めて、旗立台のポールに巻きつけてはり、ストッパーにする。

旗立台の土台は段ボール箱に入れて、ポールが出る部分に穴をあけて口をとじます。

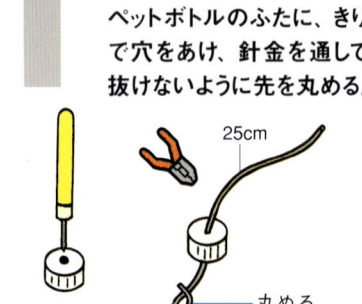
30×30cm
細長く巻いたエアーパッキングを、ドーナツ状に丸めてポールにはり留める

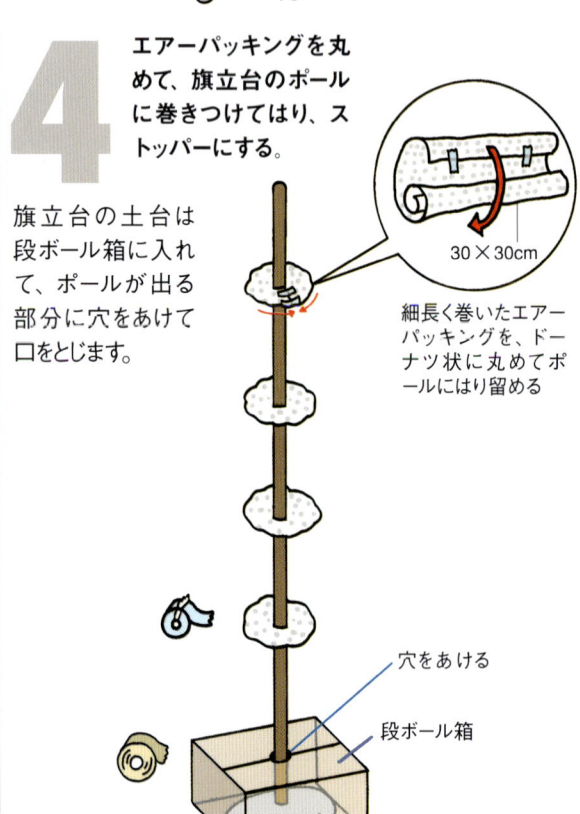
穴をあける
段ボール箱

5 下から順にペットボトルをポールに取りつけていく。このとき、ストッパーの位置に合わせて針金をポールに巻きつけていく。

ツリーが三角形になるように、下から上に向かってペットボトルを減らしていくか、ペットボトルの大きさを小さくするなどの工夫をします。

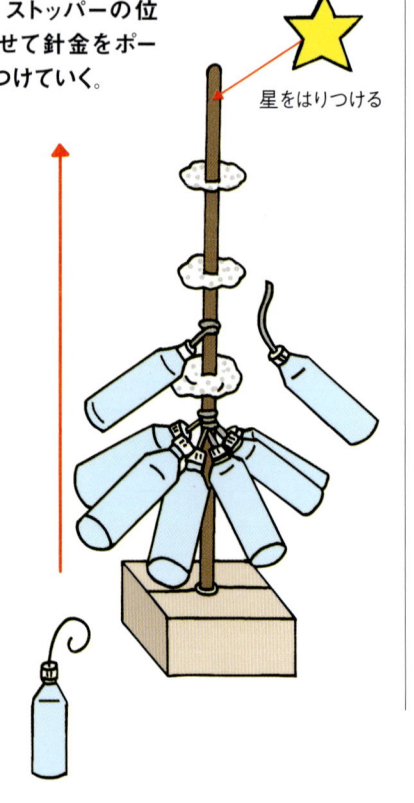
星をはりつける

34

6 緑のカラーセロハンをペットボトルにはりつける。台座の段ボール箱にも、画用紙などで飾りつけをします。

7 ライトを下から当てると…ツリーが点灯！

セロハンだけでなく、折り紙や画用紙などでいろいろな飾りを作って飾りつけても楽しい！
みんなで素敵なオリジナルツリーを作ってみてね！

すごい

かわいい〜

ペットボトルツリー

35

びりびり新聞紙プール

新聞紙を思いっきりびりびりやぶいちゃおう。
とびきりのお宝を隠して、みんなで宝探しのスタートだ！

かんたん

たのしーい！

37

びりびり新聞紙プール

難易度 かんたん

材料
- 新聞紙
- 段ボール箱
- 画用紙

道具
- はさみ
- クラフトテープ
- カッター
- のり
- クレヨン

作りかた

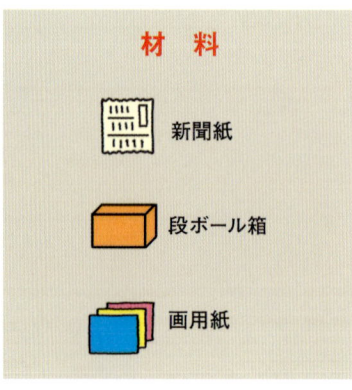

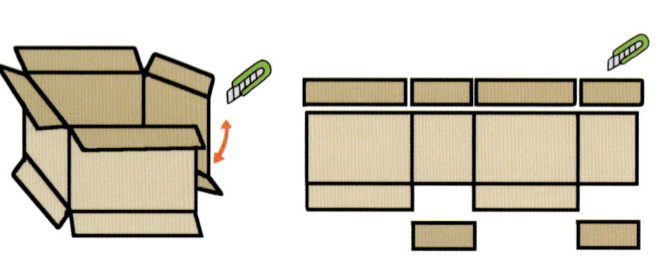

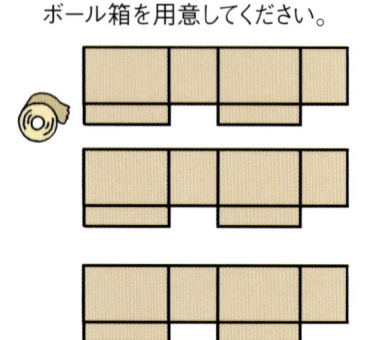

1 段ボール箱を図のように切りひらき、一部を残してふたを切り取る。

作りたい大きさに合わせて、段ボール箱を用意してください。

2 ふたを内側に折り曲げ、大きな輪になるようクラフトテープではり合わせる。

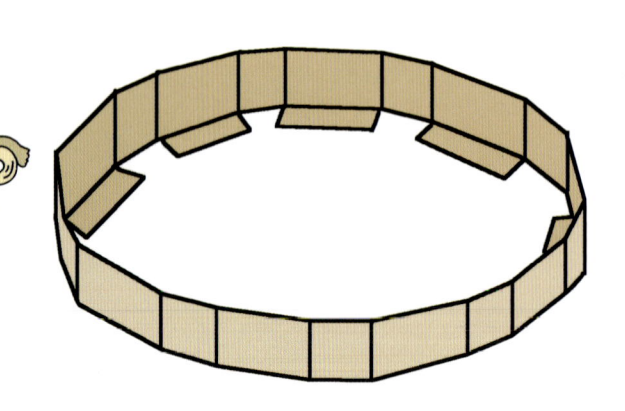

3 新聞紙をびりびりにやぶいて丸め、プールの中に入れる。

4 画用紙にクレヨンなどで絵をかいて、段ボールプールの側面にはりつける。

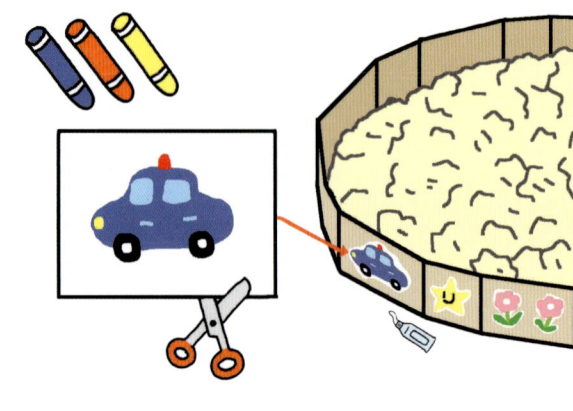

38

びりびり新聞紙プール

遊びかた

段ボールプールの中にボールなどを隠して、宝探しゲームをしてみよう。
いろいろなお宝を作るのも楽しいよ！

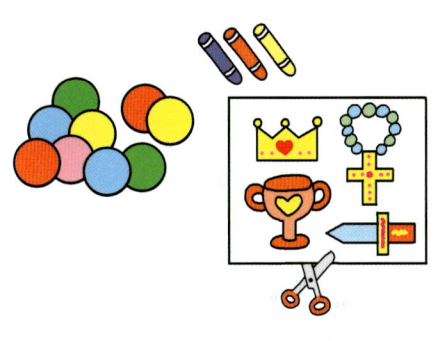

プールの中には、何が隠れているのかな？

かっこよくて素敵なお宝を作ってみよう！
ゲットできたらうれしいぞ～！

貝を作れば、潮干狩りごっこだって
できちゃう！

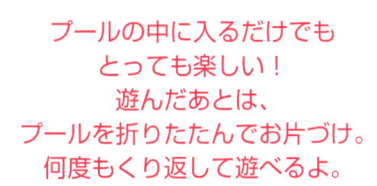

プールの中に入るだけでも
とっても楽しい！
遊んだあとは、
プールを折りたたんでお片づけ。
何度もくり返して遊べるよ。

39

お花畑壁面

茎を下に引っ張ると…きれいなお花がパッと咲くよ。
お花の中からお姫さまがこんにちは！ みんなで作る、遊べる壁面だよ。

遊びかた

茎の下側のつまみを
下に引くと…

花がパッとひらくよ。
とってもにぎやかな、
お花畑壁面の完成！

41

お花畑壁面

難易度 かんたん

材料
- 折り紙
- 画用紙
- 厚紙

道具
- はさみ
- クラフトテープ
- セロハンテープ
- カラーペン
- 両面テープ
- クレヨン

作りかた

1 折り紙を折って、折り目をつける。

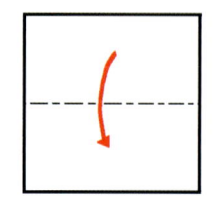

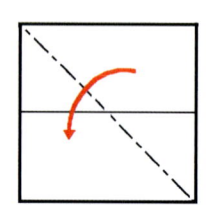

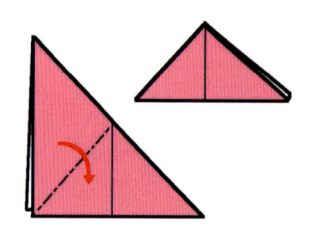

2 ひらいて折り直す。

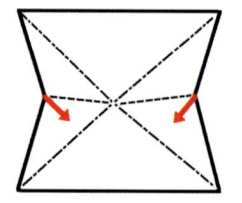

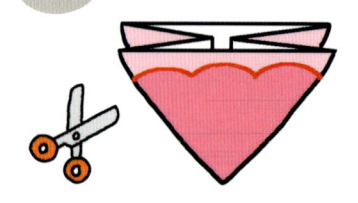

3 花の形に切る。

4 画用紙などでお姫さまやいもむしなど、子どもたちが自由に作る。
あまり大きいと花からはみ出してしまうので、花の大きさに合わせて作りましょう。
じゃばらに折る

5 花の形に切った折り紙を広げて、④で作ったものをはりつける。

6 花を折りたたみ、画用紙で作った茎を花の表側にはりつける。
茎の下側を折ってつまみを作り、葉をはりつけます。

7 花の裏側を両面テープで壁にはりつける。
花は壁に直接はりつけるか、土台の紙にはりつけます。

8 厚紙で茎を固定し、上から画用紙などで飾りつける。
厚紙

42

お誕生表にアレンジ！

お花畑壁面

花の形に切った折り紙を広げて子どもの名前を書き、折りたたんで「○がつ」と書きます。
子どもたちが作ったものを花の中にはれば、誕生月には一人ひとりの特別な花が咲く、素敵なお誕生表に！

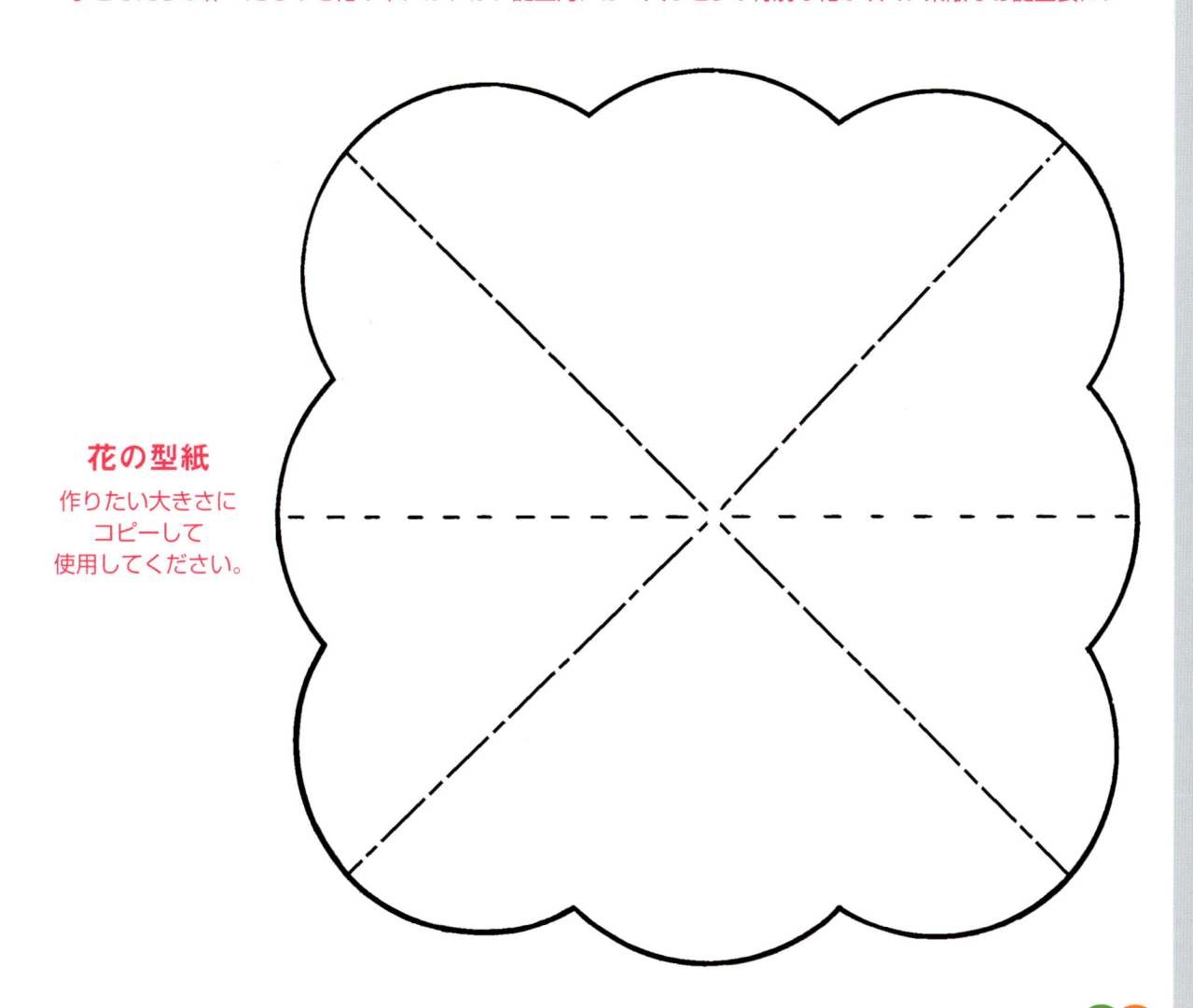

花の型紙
作りたい大きさに
コピーして
使用してください。

どうぶつ絵合わせ

お部屋の窓をトントントン。あけてみたら…ねこさん。
こっちは…ぶたさんだ。あ〜、はずれちゃった。次は君の番！

かんたん

パカッ！

44

壁面どうぶつえん

みんなで作ったどうぶつたちの壁面飾り。
いろいろなどうぶつを作って、お部屋をにぎやかに飾ってみてね!

かんたん

どうぶつ絵合わせ

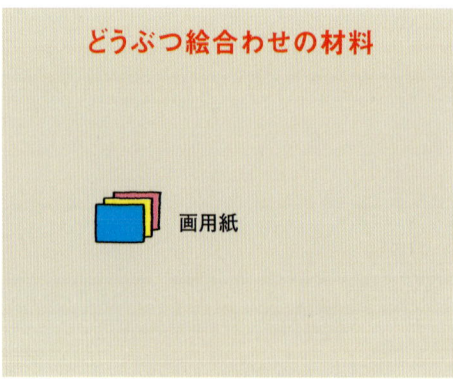

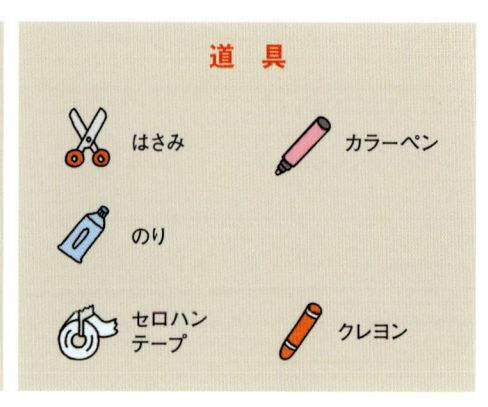

難易度 かんたん

どうぶつ絵合わせの材料
画用紙

道具
- はさみ
- のり
- セロハンテープ
- カラーペン
- クレヨン

どうぶつ絵合わせ 作りかた

1 画用紙を長方形に切り、扉の形になるように両端を内側に折る。

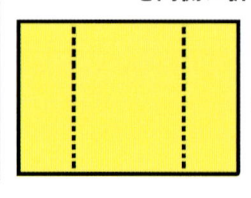

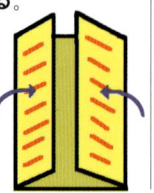

2 画用紙に絵をかくなどして、同じどうぶつを2枚ずつ作る。

3 ①の画用紙をひらいて②をはりつける。

4 画用紙でおうちの形の土台を作り、③をはりつける。

遊びかた

トランプの「神経衰弱」と同じように、2か所ずつ扉をひらくよ。同じどうぶつが出たら、大当たり！続けて扉をひらきます。間違えたら次の人と交代するよ。さあ、いくつ当たるかな？

アレンジ
カードを入れかえられるように作れば、何度もくり返して遊べるよ

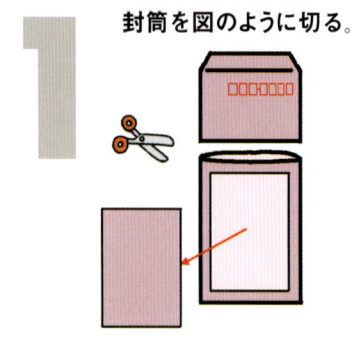

1 封筒を図のように切る。

2 扉の形になるように折った画用紙に①をはりつける。

3 どうぶつをかいた画用紙を入れる。

難易度 かんたん

壁面どうぶつえん

壁面どうぶつえんの材料
- 画用紙
- プラスチック容器
- ビニールテープ

道具
- はさみ
- カラーペン
- のり
- セロハンテープ
- クレヨン

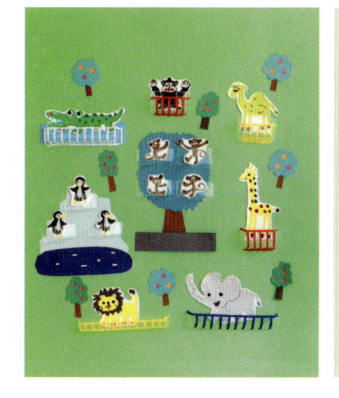

1 壁面どうぶつえん 作りかた

画用紙でいろいろなどうぶつを作る。
画用紙にカラーペンやクレヨンで絵をかいて切り取り、どうぶつを作ります。

2 プラ容器をどうぶつの大きさに合わせて切る。

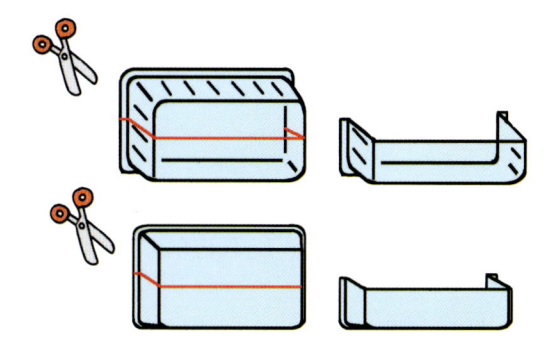

3 ②にビニールテープをはりつける。
どうぶつえんのおりになります。

4 土台になる紙にどうぶつえんの絵を書いて、どうぶつたちをはりつければ完成！
壁に直接はりつけてもOKです。

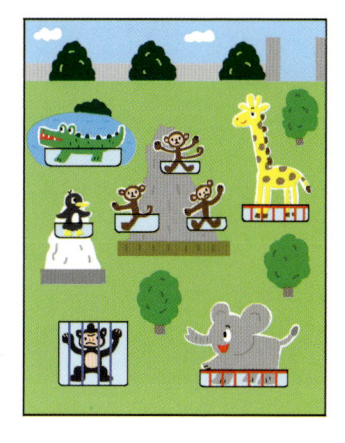

47

おばけマンション

ここはおばけたちの住む、おばけマンション。窓をあけたり、ひもを引っ張ると…おばけたちがひょいっと飛び出すよ。びっくり〜！

ふつう

びっくり！

遊びかた

たこ糸を引っ張ると…

おばけが飛び出すよ！

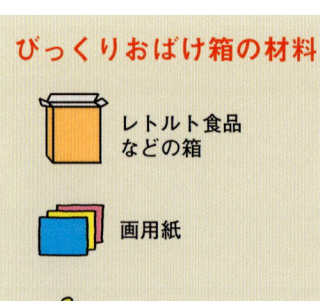

おばけマンション

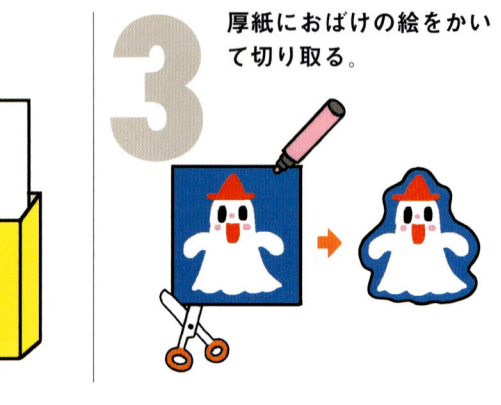

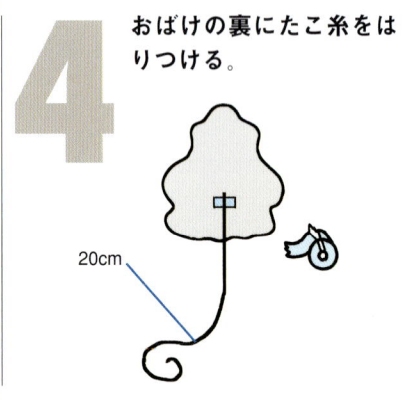

難易度 ふつう

びっくりおばけ箱の材料
- レトルト食品などの箱
- 画用紙
- たこ糸

道具
- はさみ
- カラーペン
- のり
- えんぴつ
- セロハンテープ

びっくりおばけ箱 作りかた

1 レトルト食品などの箱のふたの部分を切り取る。

2 箱の大きさに合わせて厚紙を切る。

3 厚紙におばけの絵をかいて切り取る。

4 おばけの裏にたこ糸をはりつける。 20cm

5 箱に画用紙をはりつけて飾りつけをする。

6 箱にえんぴつなどで穴をあけ、おばけを入れて、穴にたこ糸を通す。たこ糸の先に画用紙のつまみをはりつけます。

遊びかた

たこ糸を引っ張るとおばけが飛び出すよ！

手をゆるめると、おばけがスルスルと箱の中に戻っていくよ。 パッ！

50

おばけマンション

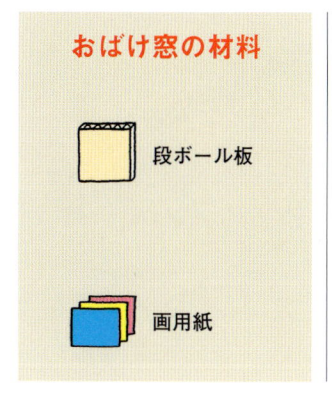

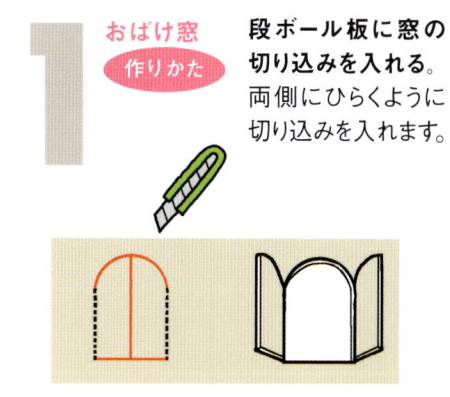

おばけ窓の材料
- 段ボール板
- 画用紙

おばけ窓 作りかた

1 段ボール板に窓の切り込みを入れる。両側にひらくように切り込みを入れます。

2 窓の大きさに合わせて切った画用紙におばけの絵をかき、窓の裏側からはりつける。

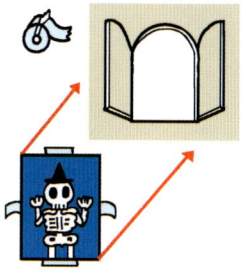

段ボール板や画用紙を使って、おばけマンションを作り、おばけたちをはりつけてみよう！
ハロウィンにもぴったりのおもしろ壁面が完成！

たこ糸を長くして束ね、飾りつけしたトイレットペーパーの芯に入れれば、おばけくじのできあがり。
壁にはりつければ、何度もくり返して遊べる、楽しい壁面の完成！

何が出るかなー

わっ、お姫さま！当たりー！

51

はらぺこ玉入れゲーム

「おなかすいたよ〜」と、
おにとどうぶつたちがお口をあーんとあけているよ。
さあ、大きなお口めがけてボールをポーンと投げてみよう！

がんばろう

| 20てん | 50てん | 20てん | 30てん |

こっちだよー

それっ

ぼくにも！

ポーン

53

おにの玉入れゲーム

難易度 がんばろう

材料
- ティッシュ箱
- 画用紙
- トイレットペーパーの芯
- ティッシュペーパー

道具
- はさみ
- セロハンテープ
- カッター
- カラーペン
- のり

1. おにの玉入れゲーム 作りかた
おにの頭を作る。

ティッシュ箱を2箱はり合わせて、口と首の部分に穴をあけます。画用紙で顔を作ってはりつけ、ペーパー芯を飾りつけます。

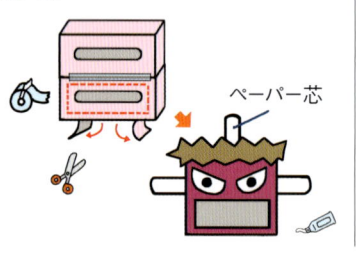

ペーパー芯

2
ティッシュ箱を並べて、玉の通る道筋を考えながら穴をあけ、はり合わせる。

3
ティッシュ箱をはり合わせて、画用紙で作った手足をはりつける。頭もはりつける。

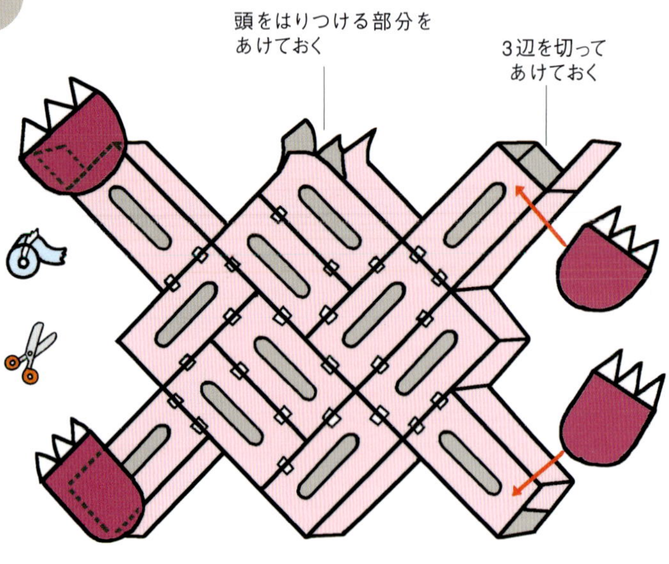

頭をはりつける部分をあけておく

3辺を切ってあけておく

4
ティッシュ箱の上面を切り取り、得点箱を作る。
箱に得点を書き、ボールが落ちてくる位置に置きます。

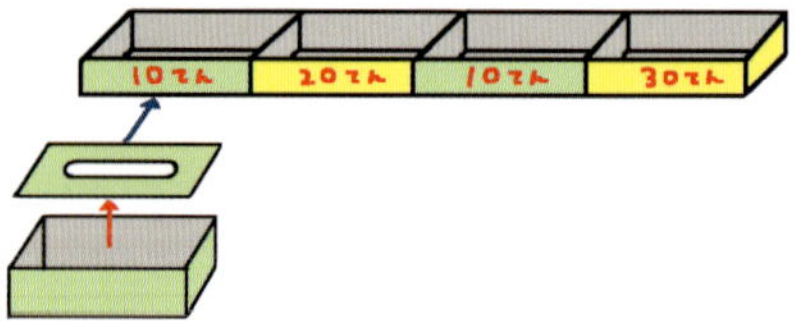

5
ティッシュペーパーを丸めてセロハンテープで留め、ボールを作る。

54

難易度 かんたん

どうぶつ玉入れゲーム

材料
- ティッシュ箱 1箱
- 輪ゴム 4本
- ポリ袋（透明）1枚
- 画用紙

道具
- はさみ
- セロハンテープ
- のり
- カラーペン

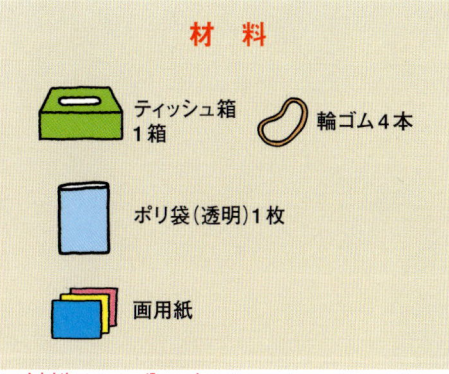

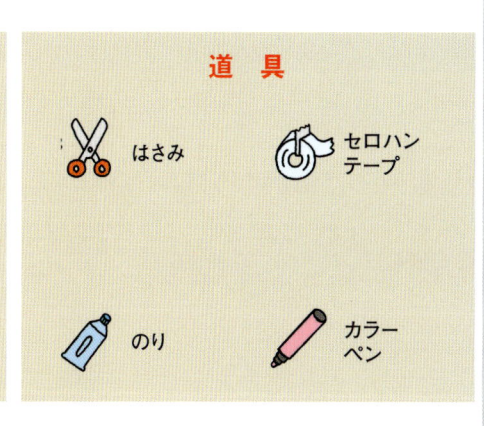

※材料は1つ分です。

どうぶつ玉入れゲーム 作りかた

1 ティッシュ箱の側面と底面に穴をあける。

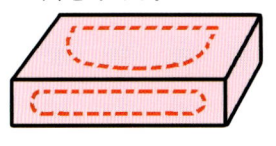

2 ポリ袋を底面にあけた穴にはりつける。ポリ袋を箱の中に入れ、内側からはりつけます。

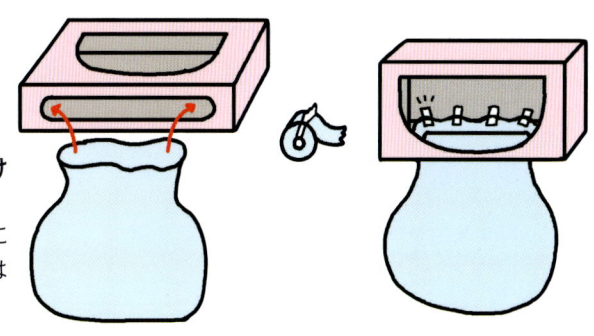

3 輪ゴムをつなぎ合わせ、箱の裏側にはりつける。画用紙でどうぶつの顔を作って箱にはりつける。
箱の穴の大きさに合わせて、どうぶつの口の穴をあけましょう。

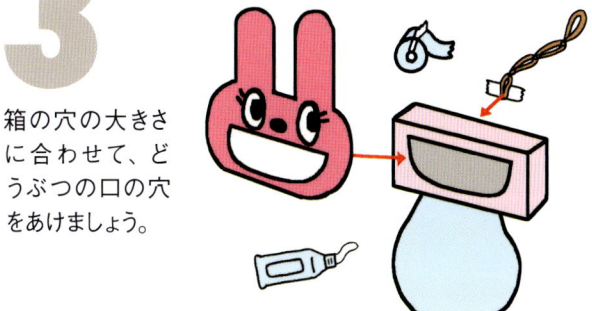

4 画用紙で作った手足をポリ袋にはりつければ完成！

壁にはらぺこのおにやどうぶつたちをはりつければ、スタンバイOK！
おなかいっぱいになるまで、ボールをいっぱい入れてあげよう！
節分や親子行事にもおすすめ！

ポイ！ポイ！

55

ドキドキかいじゅうゲーム

わぁ〜、こわいかいじゅうがいるよ。
はずれの矢を抜くと、ガオーッと食べられちゃう!

ドキ
ドキ

56

びっくり！

ガオー！
たべちゃうぞー

わぁー！

57

ドキドキかいじゅうゲーム

難易度 がんばろう

材料
- 段ボール箱
- 割りばし
- 段ボール板
- 画用紙
- 輪ゴム
- 雑誌など

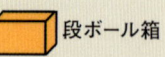

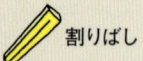

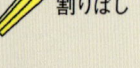

道具
- はさみ
- えんぴつ
- ホッチキス
- カッター
- クラフトテープ
- カラーペン
- きり
- 筆
- 両面テープ
- 絵の具

作りかた

1. 同じ大きさの段ボール板2枚を、少しずらしてはり合わせる。パタパタと上下に動かせるように、クラフトテープでしっかりと留めましょう。
〈裏〉 広げる

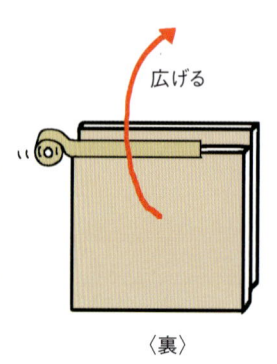

2. ①を広げてかいじゅうの絵をかいたり、画用紙で模様をはりつけたりする。
〈表〉

3. 本体と同じ幅に切った段ボール板と、本体を重ね合わせて穴をあける。
段ボール板を重ね合わせて、まずきりで穴をあけ、次にえんぴつをさして穴を広げます。
2枚重ねて穴をあける

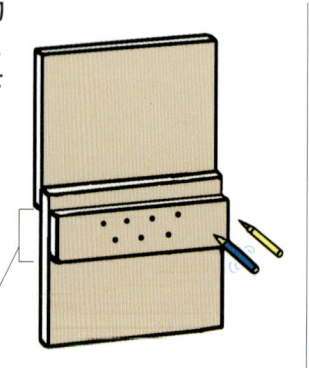

4. 段ボール板を切って図のようにはり合わせ、段ボール板の両側にはりつける。
重ねる段ボール板の厚みは、割りばしの長さより短くしましょう。段ボール板のかわりに牛乳パックを使用してもOKです。
厚みは10cmくらい

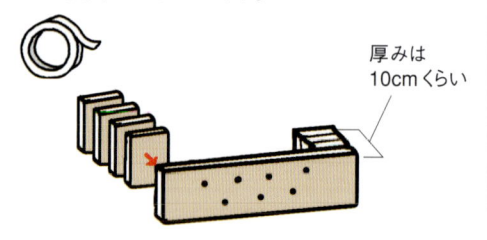

5. 本体の下の段ボール板に④をはりつけ、自立できるように雑誌などを入れた段ボール箱をおもしとしてはりつける。

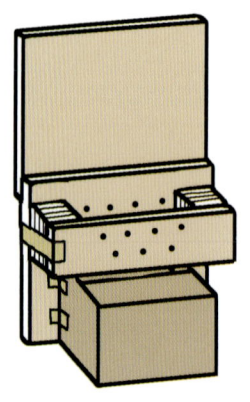

6. 輪ゴムをつないではりつける。

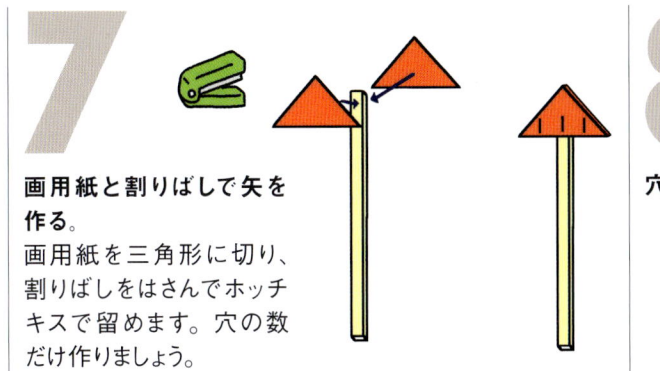

7
画用紙と割りばしで矢を作る。
画用紙を三角形に切り、割りばしをはさんでホッチキスで留めます。穴の数だけ作りましょう。

8
穴に矢を差し込む。

9
輪ゴムをいずれか1本の矢に引っかければ完成！

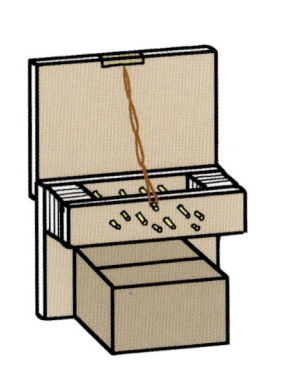

遊びかた
1本ずつ矢を抜いていき、輪ゴムのかかった矢を引き抜くと、かいじゅうが倒れてくるよ！

ギャー

輪ゴムをかける矢（割りばし）の位置は変えられるので、
何度でもくり返して遊べるよ！
ドッキドキでスリル満点！

バタン！　パチン！

ドキドキかいじゅうゲーム

みんなのまち

ドリームタウンへようこそ！ かっこいいタワーやかわいいおうち…。
みんなで作ったものを持ち寄って、素敵なまちを作ってみよう！

60

こんにちは！

難易度 かんたん

みんなのまち

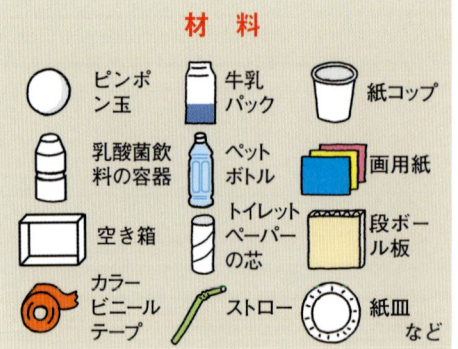

材料
- ピンポン玉
- 牛乳パック
- 紙コップ
- 乳酸菌飲料の容器
- ペットボトル
- 画用紙
- 空き箱
- トイレットペーパーの芯
- 段ボール板
- カラービニールテープ
- ストロー
- 紙皿 など

道具
- はさみ
- 両面テープ
- カッター
- カラーペン
- のり
- セロハンテープ
- クレヨン

まちの仲間 作りかた

1 ピンポン玉かスチロール玉に顔をかき、画用紙で作った髪をはりつける。
顔をかくときは油性のペンを使います。

2 乳酸菌飲料の容器に①をはりつけ、画用紙を巻きつけてはる。

3 飾りつけをしたら完成！

おうち 作りかた

1 空き箱に窓とドアの切り込みを入れる。

2 画用紙や紙皿で屋根や窓、バルコニーを作り、はりつける。

3 飾りつけをしたら完成！

タワー 作りかた

1 ペーパー芯をつなぎ合わせる。

2 紙コップの底を切り取り、底面に切り込みを入れて①に通して留める。

3 ストローやカラービニールテープで飾りつけをしたら完成！

62

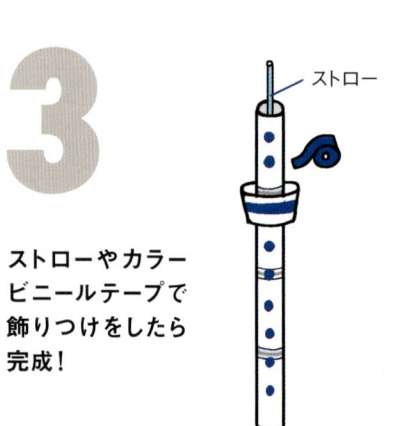

1 バス 作りかた
空き箱の上の面を切り取る。

2
飾りつけをして、小さく切って重ねた段ボール板で上げ底をする。

1 オープンカー 作りかた
空き箱を切りひらき、車の形にする。

2
飾りつけをして、小さく切った段ボール板で上げ底をする。

みんなのまち

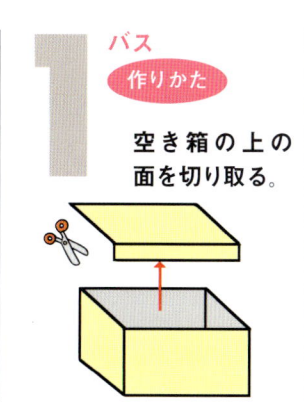

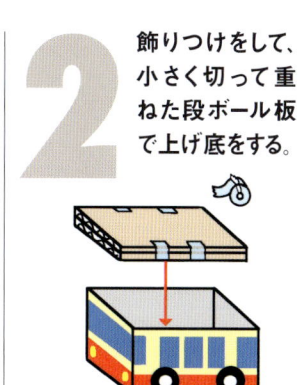

いろいろな空き箱や牛乳パック、ペットボトル、ペーパー芯、紙コップなど、身近な素材でみんなのまちを作ろう！

- ペットボトルのビル
- ペーパー芯をつなぎ合わせたタワー
- 牛乳パックを切りひらき、階段の形に折った歩道橋
- ペーパー芯に画用紙を巻きつけて作った木

63

みんなでドライブ！

牛乳パックで作ったハイウェイで、ドライブへGO！
空き箱や段ボール箱でビルを作ってまちを作れば、雰囲気も盛り上がるね。

\ 坂道だー /

キキーッ

ブーン

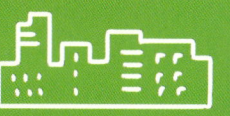

みんなでドライブ！

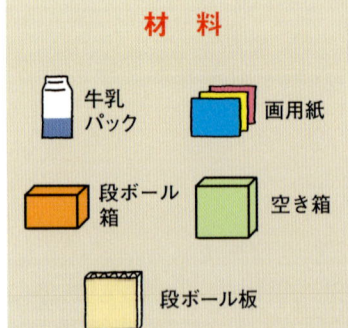

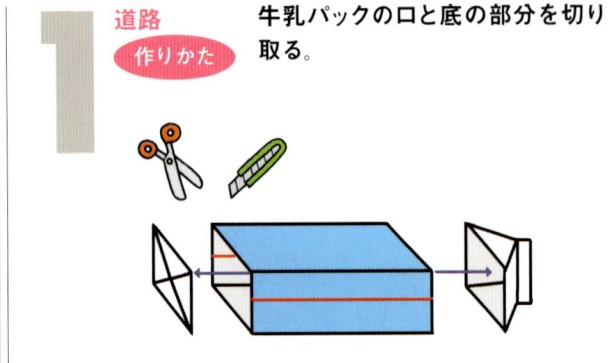

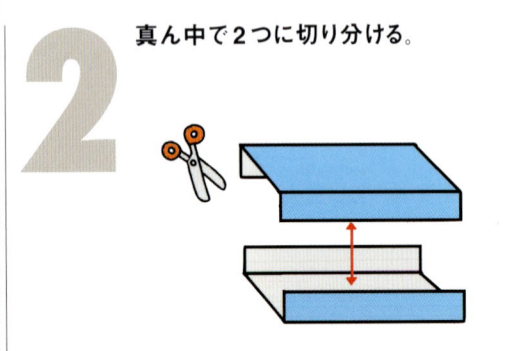

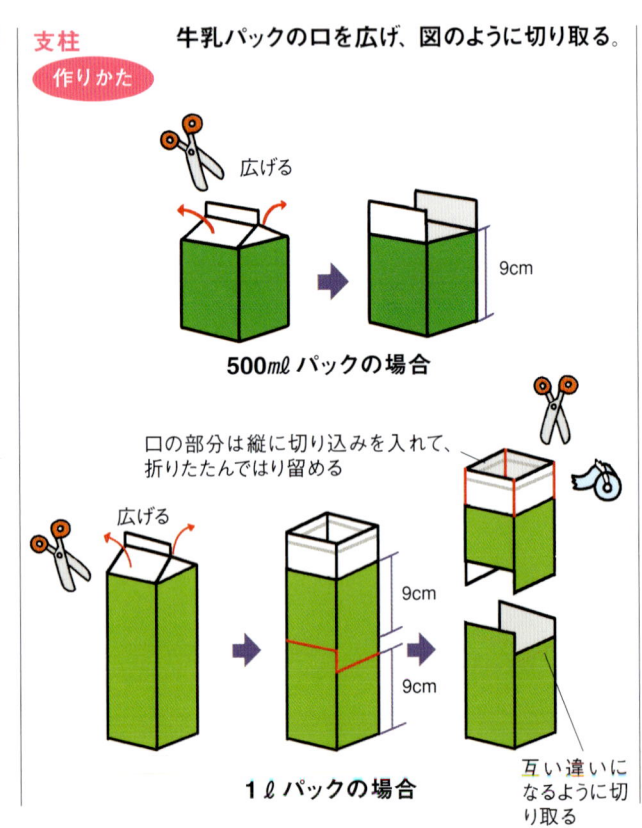

難易度 ふつう

材料
- 牛乳パック
- 画用紙
- 段ボール箱
- 空き箱
- 段ボール板

道具
- はさみ
- 両面テープ
- カッター
- カラーペン
- セロハンテープ
- クレヨン
- クラフトテープ

1 道路 作りかた
牛乳パックの口と底の部分を切り取る。

2
真ん中で２つに切り分ける。

支柱 作りかた
牛乳パックの口を広げ、図のように切り取る。

広げる
9cm
500mlパックの場合

口の部分は縦に切り込みを入れて、折りたたんではり留める

広げる
9cm
9cm
1ℓパックの場合

互い違いになるように切り取る

道路と支柱をはり合わせ、どんどんつなげていこう！

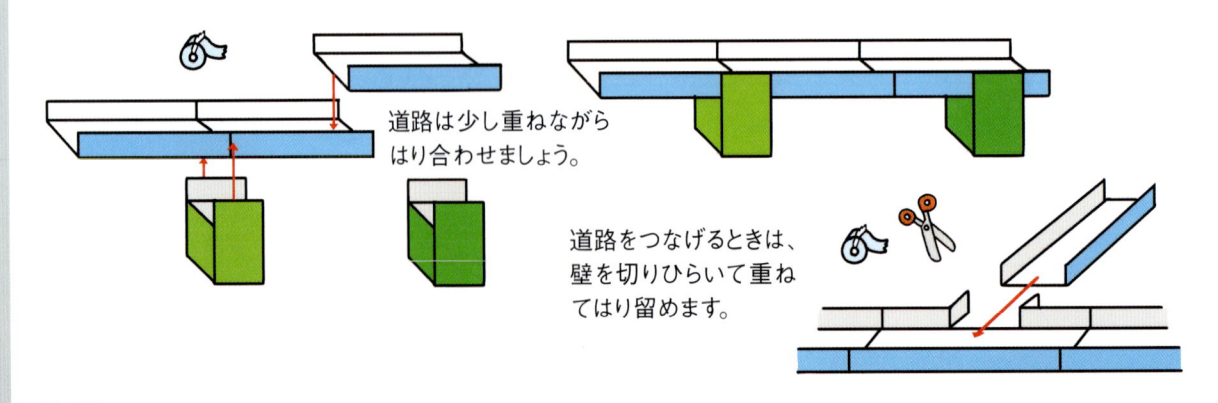

道路は少し重ねながらはり合わせましょう。

道路をつなげるときは、壁を切りひらいて重ねてはり留めます。

まちのセット　作りかた

段ボール板を屏風のようにつなぎ合わせてビルの飾りつけをする。

段ボール箱でビルを作り、穴をあけて道路を通す。

牛乳パックや空き箱でくるまを作って、みんなで走らせてみよう！

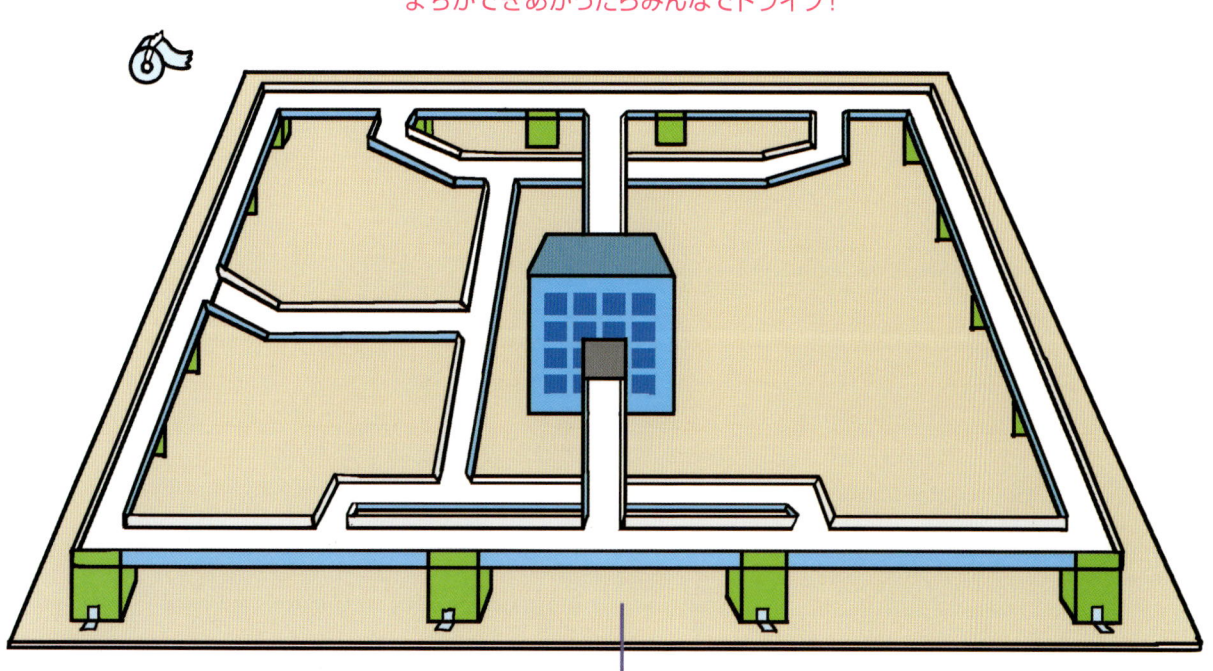

いろいろなつなぎ方で、オリジナルのハイウェイを作っちゃおう！
まちができあがったらみんなでドライブ！

段ボール板の上に固定すれば、そのまま持ち運んで遊べるよ。

みんなでドライブ！

67

ソーラーバルーン

冬の晴れた寒い日におすすめのソーラーバルーン。
おひさまの力で、バルーンが空高く上がっていくよ。

がんばろう

68

プカプカ

ソーラーバルーン

難易度 がんばろう

材料
- 黒いポリ袋（大サイズ）
- カラーポリ袋（大サイズ）
- ビニールひも

道具
- はさみ
- セロハンテープ
- カラーペン

1 くじらバルーン 作りかた

カラーポリ袋を切りひらく。
黒いポリ袋と白いポリ袋の2辺を切りひらきます。

2

ポリ袋をくじらの形にはり合わせ、目やひれなどの飾りつけをしてビニールひもをつける。

①をくじらの形にはり合わせていきます。このとき、空気を入れる空気口をあけておくのを忘れないようにしましょう。

空気口

ワンポイント
空気が抜けないよう、ぴったりとはり合わせるのがポイントです。

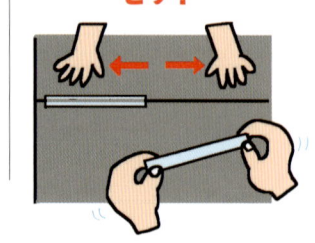

ピッ！

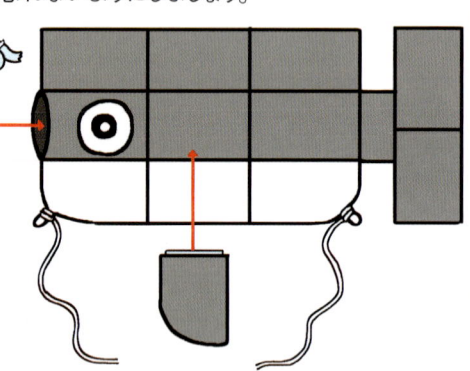

おばけバルーン 作りかた

くじらと同様に、カラーポリ袋でおばけのバルーンを作る。
おばけバルーンに結ぶビニールひもは、空気を入れて膨らませて口をしばってからくくりつけます。

70

ソーラーバルーン

遊びかた

まずバルーンに空気を入れて膨らませます。

ドライヤーや布団乾燥機などを使って、バルーンにあたたかい空気を入れて膨らませてもOK。

おばけバルーンは、空気を入れたら口をしばってビニールひもをくくりつけ、くじらバルーンは口をテープでふさぎます。

ワンポイント

ソーラーバルーンは、気球の原理を用いた遊びです。
外気温とバルーン内の温度の差が大きいほどよく上がります。
バルーンが完成したら太陽の光に当てて、バルーン内の空気をあたためましょう。
寒くてよく晴れた日には、バルーンが空高く上がります。冬の外遊びにおすすめ！

注意！

バルーンは、電線などがない広い場所で揚げましょう。
外気温の高い夏には不向きの遊びなので、ぜひ冬にチャレンジしてみてください。

カラフル迷路

カラフルなカラーポリ袋で壁を作った迷路だよ。
屋外でダイナミックに遊んでみよう!

うーん、いきどまり…

やったぁ！ゴール！

がんばるぞ！

カラフル迷路

難易度 **ふつう**

材料
- ビニールひも
- カラーポリ袋
- 画用紙、風船など

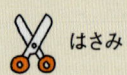

道具
- はさみ
- セロハンテープ
- カラーペン

作りかた

1 迷路の設計図を作る。

カラフル迷路はひもを格子状に張りめぐらせて作ります。まず、迷路のベースとなるマス目を書き、そこにスタートからゴールまでの道筋を書き入れましょう。

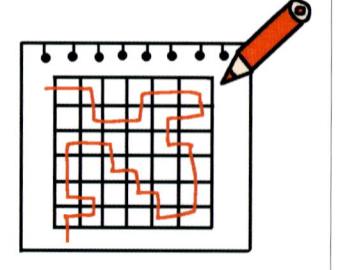

2 4本の木の上下2か所にビニールひもを張る。

迷路の大きさに合わせて、迷路の四隅になる木を決めて、木の上下2か所にビニールひもを張ります。

ワンポイント
迷路の四隅になる木は、旗立台や遊具などでもOK。場所に合わせて適当なものを使いましょう。

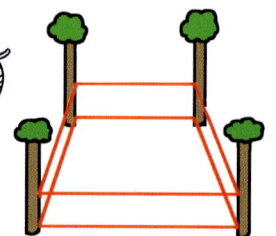

3 上のひもに、縦と横にビニールひもを張りめぐらせる。

まず縦にひもを張り、次に横にひもを張ります。

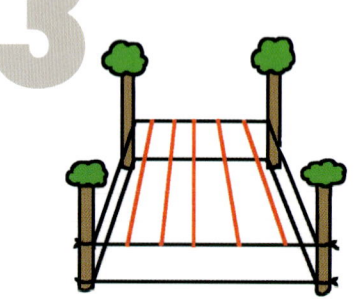

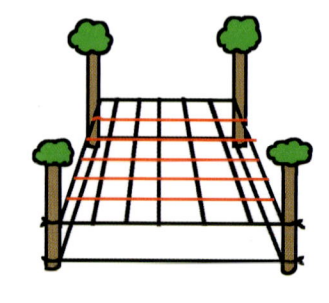

4 カラーポリ袋の両脇を切りひらく。

5 迷路の外周に④のカラーポリ袋をはりつけて壁を作る。

ビニールひもの上下にはりつけます。

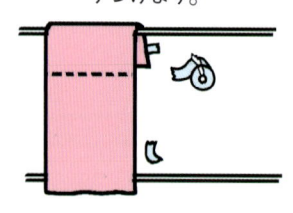

6 ①の設計図に添って、内側にもカラーポリ袋をはりつけて壁を作る。内側は上のビニールひもにだけはりつける。

風が強い場合は、ポリ袋のすそに木ぎれをはるなどしておもしをつけます。内側のポリ袋は、のれん状に切れ目を入れてもおもしろい！

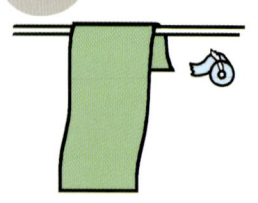

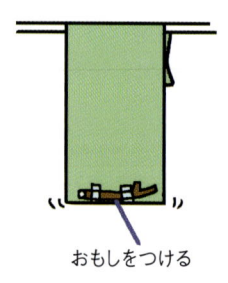

おもしをつける

7

スタートとゴールの看板を作って取りつければ完成！
風船や画用紙などでいろいろな飾りを作って飾りつけても楽しいですね。

スタート
ゴール

カラフル迷路

園外保育などの行事にもおすすめ！
宝探しやおにごっこにアレンジしても楽しいね。
ダイナミックに作って思いっきり楽しんじゃおう！

残念！
ここは行き止まり

わあ！
こんなところにおばけが！

スタート

ゴール

注意！
スタートとゴールは、下のビニールひもを足に引っかけないよう、
おもしを置くなどして安全面に配慮してください。

75

おばけやしき迷路

ひゅ～どろどろ。
おばけやしきが迷路になった！
夏祭りや夕涼み会などの
イベントにもおすすめだよ。

勇気ドリンク・・・
販売中！

こわーい！
ドキドキ

\わぁ/ ここは おばけトンネル

キャキャ

\ホッ/

あー、こわかった

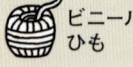

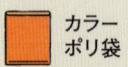

おばけやしき迷路

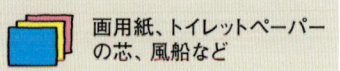

難易度 ふつう

材料
- ビニールひも
- 段ボール箱
- カラーポリ袋
- エアーパッキング
- 画用紙、トイレットペーパーの芯、風船など

道具
- はさみ
- クラフトテープ
- カッター
- カラーペン
- セロハンテープ

作りかた

1 カラフル迷路（74ページ）と同様に、おばけやしき迷路の設計図を作る。

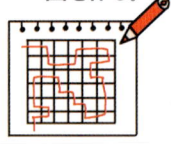

2 大きめの段ボール箱に、いすを重ねるなどしたおもしを入れて柱を作る。同じものを4つ用意します。

3 迷路の大きさを決め、②を四隅に置いて、段ボール箱の上側にビニールひもを張る。次に、縦と横にビニールひもを張りめぐらせる。

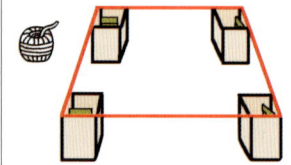

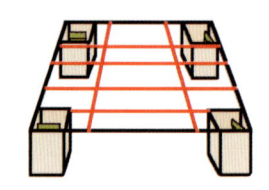

4 カラーポリ袋の両脇を切りひらき、ビニールひもにかけてはりつけていく。壁になる部分には黒いポリ袋を、通り抜けられる部分には別の色のカラーポリ袋をはりつけると、順路がわかりやすくなります。

5 段ボール箱などでトンネルを作り、設置する。カラーポリ袋や画用紙などでおばけを作って取りつければ完成！

飾りつけ
エアーパッキングを入れる

みんなでいろいろなおばけを作ってみよう！

- ポリ袋にエアーパッキングを入れる
- ペーパー芯にビニールテープを巻きつける
- 空き箱やペーパー芯にポリ袋で飾りつけ
- ビニール傘
- ポリ袋にエアーパッキングを入れる

78

おばけやしき迷路

プラスワン

勇気がもりもりわいてくる、勇気ドリンクの販売機を通路に設置してみよう！おばけやしきがもっと盛り上がるよ！

勇気ドリンク販売機の材料

- 段ボール箱
- ペットボトル
- ラップの芯 2本
- 画用紙
- 牛乳パック 1本

勇気ドリンク販売機 作りかた

1 牛乳パックの口をひらいて一面を切り取り、口をとじて箱を作る。両端にラップの芯を2本はりつける。

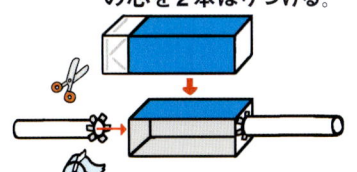

2 段ボール箱の裏側にペットボトル（500mℓ）をセットする穴をあける。その下にコの字形に切り込みを入れて斜めに押し込み、はりつける。〈裏〉

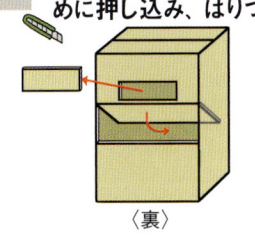

3 ①のラップの芯を通す穴を2か所あける。〈表〉

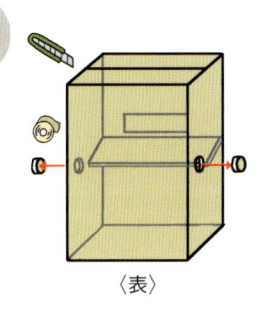

4 表側にペットボトルを取り出す穴をあける。段ボール箱の下のふたを上に持ち上げてはり留める。〈表〉 上に持ち上げ、斜めにしてはりつける

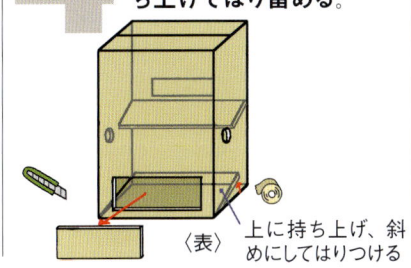

5 ①を取りつけ、②に段ボール板を細く切ったガイドを両側に立ててはりつける。ガイド

ガイドをつけることで、ペットボトルがまっすぐに転がります。ここまでで本体は完成！写真を参考に飾りつけしてみましょう。〈表〉

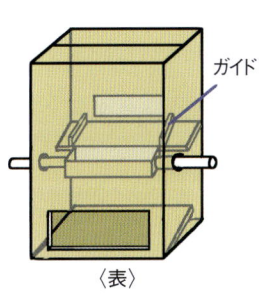

6 ペットボトルに画用紙などで飾りつけをする。写真のように販売機の表側にもはりつけて飾りつけをします。

遊びかた

① 裏の穴からペットボトルを入れると、ペットボトルが牛乳パックの箱に入る。

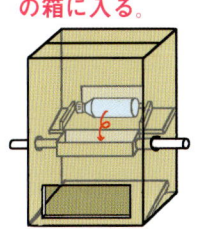

② ラップの芯のハンドルを回すと…。

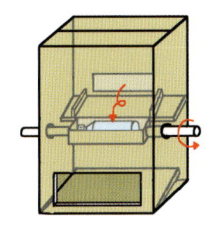

③ 箱が回転して、ペットボトルが表側の取り出し口へ落ちてくる！

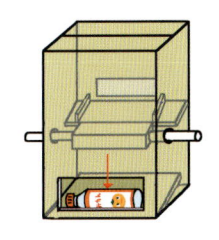

一度にたくさんのペットボトルをセットすることもできるよ！

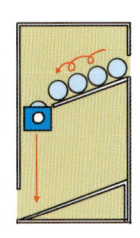

79

きむらゆういち

東京都生まれ。多摩美術大学卒業。24歳から子ども造形教室を23年間に渡って主催。各児童雑誌の組み立て付録の考案や造形ページの連載、NHK「おかあさんといっしょ」など各局の子ども番組のアイデアブレーンを担当。イタリアで工作の小冊子のシリーズを発行し、ベルギーの雑誌では造形コーナーを連載。1997年にイタリア、ロンバルディア州の工作コンテストの審査員を務める。著書に「がらくたランド」全12巻(サンマーク)、「手作りおもちゃのかがく館」全12巻(ほるぷ出版)、「エコ工作えほん」全3巻(ポプラ社)など造形の著書多数。また絵本や童話の著書もある。東京純心女子大学客員教授。

みやもとえつよし

大阪府生まれ。グラフィックデザイナーを経てイラストレーターおよび絵本作家となる。講談社キャラクター賞、サンケイ新聞広告賞など受賞。現在、広告、児童書、絵本などを手がけるほか、絵本講座の講師および子どもたちと工作ワークショップを行う。主な作品に「キャベたまたんてい」シリーズ(金の星社)など多数。子ども向けテレビ番組「ハッピー！クラッピー」(キッズステーション)に、"こうさくさん"として出演中。

- ●製作物アイデア・構成／きむらゆういち　●製作物デザイン／みやもとえつよし　●本文イラスト／みやもとえつよし
- ●製作／みやもとえつよし、Toshimi、オフィス遊(木村多美子、鳥海未帆、大塚ふゆな)
- ●製作協力／ゆうゆう絵本講座　●撮影／安田仁志　●製作・撮影協力／大塚健太　●撮影協力／明照幼稚園
- ●モデル／青山芽生、池田優斗、黒崎寧央、澤村太智、島田遥羽、高家駿次、高家啓太、辻 音夢(株式会社ジョビィ・キッズ プロダクション)　●表紙・本文デザイン／仲 一彌　●編集／石山哲郎、平山滋子

きむらゆういち・みやもとえつよしの
ガラクタ工作
みんなで作って遊ぼう！

2012年4月　　初版第1刷発行

著者／きむらゆういち、みやもとえつよし
©Yuichi Kimura, Etsuyoshi Miyamoto 2012
発行人／浅香俊二
発行所／株式会社チャイルド本社
　　　　〒112-8512　東京都文京区小石川5-24-21
　　　　電話／03-3813-2141（営業）
　　　　　　　03-3813-9445（編集）
　　　　振替／00100-4-38410
印刷所／共同印刷株式会社
製本所／一色製本株式会社
ISBN／978-4-8054-0197-2
NDC376　26×21cm　80P

本書の内容の一部あるいは全部を無断で複写複製することは、法律で認められた場合を除き、著作権者及び出版社の権利の侵害となりますので、その場合は予め小社あて許諾を求めてください。

乱丁・落丁はおとりかえいたします。

チャイルド本社ホームページアドレス
http://www.childbook.co.jp/
チャイルドブックや保育図書の情報が盛りだくさん。
どうぞご利用ください。